おひとりさま・おふたりさまの

相続・終活相談

編著 **菊間 千乃**

（弁護士）

新日本法規

は　じ　め　に

◆生涯未婚率の増加

　2022年６月に内閣府から発表された「少子化社会対策白書」によれば、2020年の生涯未婚率（50歳時の未婚割合）は男性28.3％、女性17.8％とのことです。もちろん50歳以降に婚姻をする方もいらっしゃいますので、あくまで目安の数字ですが、1970年の生涯未婚率は、男性1.7％、女性3.3％であったことと比較すると、圧倒的に未婚率は増えているといえます。従来相続といえば、配偶者や子供に自分の財産を受け継いでいくことを前提に語られていましたが、現在はそうした相続が必ずしも一般的ではありません。なぜなら、家族の形態が多様化しているからです。

　バツイチで現在は独身の方や、前婚で子供はいるけれど、現在は１人で生活している、再婚したけれど子供はいないという方もいらっしゃるでしょう。選択的夫婦別姓や、同性婚が認められていないため、事実上は夫婦であるけれども、入籍をせずに同居をしているという方もいらっしゃるでしょう。

◆「おひとりさま」「おふたりさま」

　本書では、ベースとなる夫婦の単位において、今現在、配偶者がいらっしゃらない方を「おひとりさま」、子供のいないご夫婦を「おふたりさま」と定義させて頂きます。「おひとりさま」といっても、ご両親が健在か、兄弟がいるのかによって、相続人の相続割合は変わってきますし、法定相続人が誰もいないという方の場合は、まさに自身の財産の整理を健康なうちから考えていかなければなりません。

　法定相続人が誰もいない場合、その方の財産は、最終的に国庫に納められるのですが、2022年度はその金額が、記録が残る2013年度以降で最多の768億円であったという報道がありました。2013年度の総額は336億円ということですから、約２倍です。

◆自分の生きた証

　明治時代から昭和時代にかけて活躍した政治家、後藤新平は、「金を残し

て死ぬのは下だ。事業を残して死ぬのは中だ。人を残して死ぬのが上だ。」という言葉を残したそうです。人を育てることにこそ価値があるということは、そのとおりだと思います。しかし、人生を通して築いた財産も、皆さんが生きた証の1つであることも、また事実です。何も準備をせずに、全てを国庫に納めるのではなく、ご自分の意思で、次の世代にどうやって財産をつないでいくかということを、健康なうちから考えていくことが必要ではないでしょうか。かくいう私も、「おふたりさま」なので、考えなくてはと思いながら、先延ばしして今に至ってしまっております。

　本書は、おひとりさま、おふたりさまにまつわる、様々なケースの相続問題について、解説をしていきます。自分とぴったりの事例もあるでしょうし、そうでなくても要素としては共通するという事例も多いと思います。相続は、必要に迫られてから検討すると、ご自分の意思を実現させにくい（時間的物理的制約などで）ということがあります。まだまだ先と思わずに、本書を通して、皆さまがご自身の相続を考えるきっかけにしてくだされば嬉しいです。

　令和6年4月

弁護士　菊間　千乃

編著者・執筆者一覧

＜編著者＞
菊間　千乃（きくま　ゆきの）
　弁護士法人松尾綜合法律事務所　代表社員　弁護士　公認不正検査士
　早稲田大学法学部卒業。
　1995年、フジテレビにアナウンサーとして入社。
　2011年弁護士登録（第二東京弁護士会所属）。
　紛争解決、一般企業法務、コンプライアンスや危機管理等の業務を中心に幅広く手がけている。各種セミナーも毎年数多く担当しており、金融機関での相続セミナーなども精力的に行っている。事務所内の相続チーム所属。
　【著書】
　『いまはそれアウトです！社会人のための身近なコンプライアンス入門』（アスコム、2020）
　『契約のキホンのキホン』（ぎょうせい、2020）等

＜執筆者＞
岩佐　和雄（いわさ　かずお）
　弁護士法人松尾綜合法律事務所　代表社員　弁護士
　上海交通大学LL.M.。
　2000年10月弁護士登録。上場会社のみならず非上場の中小企業の案件も多く扱う。会社経営者・100％株主や大株主の相続のうち紛争化してしまった案件の解決・調停・裁判での対応に注力している。また、事務所の相続チームに所属し、不動産の相続では、宅地建物取引士の知識なども生かしながら、依頼者の意図に、よりマッチする遺産分割方法のアドバイスや遺留分侵害額請求の行使・対応を行っている。

八木　仁志（やぎ　ひろし）

弁護士法人松尾綜合法律事務所　代表社員　弁護士

大学卒業後損害保険会社、医薬品関連企業勤務を経て2005年10月弁護士登録。

上場企業、非上場企業に対する企業法務全般のアドバイス、企業間取引、労働、不動産、金融ADRその他多数の類型の紛争案件の解決を手掛けるほか、事務所の相続チームに所属し、遺言書の有効性を争う事件、預金の無断引き出し等の不当利得返還請求事件、遺産分割に関する事件、遺留分侵害額請求事件等の様々な類型の相続案件の解決に注力している。

田中　健夫（たなか　たけお）

弁護士法人松尾綜合法律事務所　パートナー弁護士

大学卒業後、大手総合電機メーカー勤務を経て2006年10月弁護士登録。紛争解決業務を中心に企業法務全般を取り扱う一方、事務所の相続チームに所属し、遺産分割調停事件や遺留分侵害額の請求調停事件をはじめ多種多様な相続案件に積極的に取り組み、多数の解決実績・経験を有している。案件に応じて、税理士、公認会計士、不動産鑑定士、司法書士等の他士業専門家とも連携のうえ対応している。

齊藤　健浩（さいとう　たけひろ）

あいわ税理士法人　シニアパートナー　税理士

大学卒業後に小規模会計事務所、大手税理士法人での経験を経たのち、2006年あいわ税理士法人入社。

様々の規模の法人に対するコンサルティングや税務相談に従事するとともに、近年では相続・事業承継対策といった分野において個々の事情に即したアドバイスを行っている。

【著書】

『新しい消費税　完全マスター～現行制度からインボイス制度まで～（第２版）』（共著、税務研究会出版局、2019）等

二村　嘉則（にむら　よしのり）

あいわ税理士法人　シニアマネージャー　税理士

国内税理士法人を経て、2008年あいわ税理士法人入社。

2021年より第4事業部部長を務める。相続、信託、IPO・M&Aプラクティス・グループに所属。

非上場企業から上場企業まで幅広い層のクライアントに対する税務コンサルティング業務に従事する一方、金融機関等と提携し、相続の相談会を多数実施。

また相続を所管する審査部門に所属し、あいわ税理士法人の全相続に関与している。

【著書】

『巷でよく聞く　相続・贈与のウソ？ホント⁉』（共著、税務研究会出版局、2021）等

佐々木　梨絵（ささき　りえ）

あいわ税理士法人　マネージャー　税理士

大手信託銀行から中小規模会計事務所、大手税理士法人を経て、2022年あいわ税理士法人入社。

資産税に精通し、相続税申告・相続対策の経験と実績を有する。また相続対策を含む事業承継対策にも従事。組織再編や不動産評価を含む複雑な株価算定、組織再編スキーム構築実行支援など幅広い税務コンサルに携わる。

また金融機関や税理士向けのセミナー講師やコラムの執筆なども多数担当。

<イラスト>

村山　宇希（むらやま　うき）

株式会社ぽるか所属。

筑波大学芸術専門学群卒。

写真関連会社勤務を経て2008年より株式会社ぽるか入社。

翌年イラストレーターとして活動開始。

書籍を中心にWEB、雑誌等、多岐にわたる媒体にて活動中。

【イラスト担当書籍】

『いまはそれアウトです！　社会人のための身近なコンプライアンス入門』（菊間千乃著、アスコム、2020）、『伝わる！信頼される！大人の言いかえ事典』（澤野弘監修、Gakken、2023）、『「誰かのため」に生きすぎない』（藤野智哉著、ディスカヴァー・トゥエンティワン、2023）等

略　語　表

＜法令等の表記＞

　根拠となる法令等の略記例及び略語は次のとおりです。

　　民法第889条第1項第2号＝民889①二

空家対策推進	空家等対策の推進に関する特別措置法	相税規	相続税法施行規則
		措法	租税特別措置法
遺言保管	法務局における遺言書の保管等に関する法律	代執	行政代執行法
		地税	地方税法
家事	家事事件手続法	任意後見	任意後見契約に関する法律
厚年	厚生年金保険法	破産	破産法
戸籍	戸籍法	法適用	法の適用に関する通則法
裁所	裁判所法	墓地	墓地、埋葬等に関する法律
借地借家	借地借家法	民	民法
住基台帳	住民基本台帳法	民訴	民事訴訟法
所税	所得税法	労基	労働基準法
信託	信託法	労災	労働者災害補償保険法
税通	国税通則法	評基通	財産評価基本通達
相税	相続税法		

＜判例の表記＞

　根拠となる判例の略記例及び出典の略称は次のとおりです。

　　最高裁判所平成4年9月22日判決、金融法務事情1358号55頁
　　＝最判平4・9・22金法1358・55

金法	金融法務事情	裁判集民	最高裁判所裁判集民事

目　　次

第1章　相続の基礎知識

第2章　おひとりさま・おふたりさまの相続人や相続分

第3章　おひとりさま・おふたりさまの終活

1　おひとりさまの終活

2　おふたりさまの終活

第4章　おひとりさま・おふたりさまの相続手続

第5章　おひとりさま・おふたりさまの相続税

「おひとりさま」・「おふたりさま」の定義

◆「おひとりさま」

現在、配偶者がいない方。法定相続人として、親・兄弟姉妹（離婚経験者で、離婚前に子がいれば、その子）がいる方も含みます。

【例】

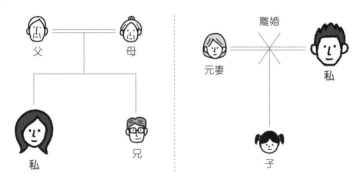

◆「おふたりさま」

現在、配偶者がいる方で、子がいない方。法定相続人として配偶者以外に、親・兄弟姉妹がいる方も含みます。

【例】

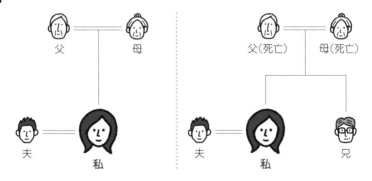

1　相続人は誰？

　あなたの相続人は誰で、またあなたは誰の相続人になるのでしょうか？

　法定相続人のキホンを押さえておきましょう。

◆**配偶者は常に相続人**

　相続が発生した場合に、誰がどの順番で相続人になるかという相続人の範囲とその相続割合については、民法に規定があります。法律で規定された相続人ですので、法定相続人といいます。

　死亡した人（被相続人）の配偶者は常に相続人となりますが（民890）、この配偶者とは法律上の婚姻関係にある相手方を指し、入籍をしていない、いわゆる内縁関係のパートナーは、配偶者とはなりません。

◆**配偶者以外の法定相続人**

　配偶者以外の人は、次の順序で配偶者と一緒に相続人になります。

　第1順位は、被相続人の子供です（民887）。その子供が既に死亡しているときは、その子供の直系卑属（子供や孫など）が相続人となります。

　第2順位は、被相続人の直系尊属（父母や祖父母など）です（民889①一）。父母も祖父母もいるときは、被相続人により近い世代である父母の方を優先します。

第2順位の人は、第1順位の人がいない場合に相続人となります。

第3順位は、被相続人の兄弟姉妹です（民889①二）。その兄弟姉妹が既に死亡しているときは、その人の子供（姪、甥）が相続人となります。第3順位の人は、第1順位の人も第2順位の人もいない場合に、相続人となります。

【相続の優先順位一覧図】

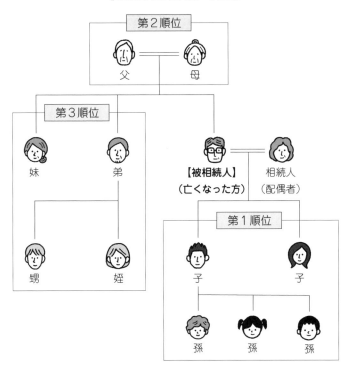

2　遺産は誰がどれだけ相続できるの？

Q 私はバツイチです。再婚相手との間に子供が１人いて、前婚の妻との間にも子供が２人います。また、若い頃に、入籍はしなかったのですが、相手が妊娠をしたので、生まれた子供の認知はしました。この場合、私が死亡すると、私の財産は誰がどれだけ相続できるのでしょうか？

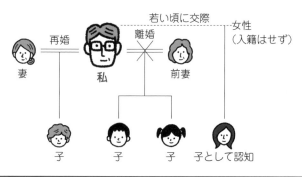

A 配偶者は常に相続人として、相続財産の２分の１を相続します。子供がいる場合は、残りの２分の１の財産を、子供の数で割り、全員が等しく相続することになります。

◆配偶者は常に相続人

　相続が発生した場合に、誰がどの順番で相続人になるかという相続人の範囲とその相続割合については、民法に規定があります。死亡した人（被相続人）の配偶者は常に相続人となりますが（民890）、この配偶者とは法律上の婚姻関係にある相手方を指します。離婚した場合、元妻は相続人とはなりません。

◆配偶者以外の法定相続人

　配偶者以外の人は、次の順序で配偶者と一緒に相続人になります。第１順位は、被相続人の子供です（民887）。

子供については、配偶者と違って、離婚をしたからといって親子関係が消滅するというものではありません。よって、離婚をし、前妻に親権が移ったとしても、前妻との子供が、あなたの相続人であることに変わりはありません。

　また、あなたの子供であるという点については、前妻の子供も、現在の配偶者の子供も同じであるため、相続分に差異はありません。同じように、婚外子がいて、その子供を認知した場合には、婚姻した配偶者との間に生まれた子供と同様の相続権が、その婚外子にも発生します。

◆ご質問のケース

　ご質問のケースでは、配偶者の方が、あなたの相続財産の２分の１を相続します。残りの２分の１の相続財産は、前妻との子供２人、再婚相手との子供１人、認知した子供１人の計４人で分けることになりますので、各々８分の１ずつの財産を相続することになります。

3 内縁のパートナーは相続人になれるの？

Q パートナーが亡くなりました。彼の両親は既に他界しており、兄弟もおらず、バツイチでしたが、前妻との間に子供はいませんでした。老後に備えて籍を入れようかと考えていた矢先のことで、途方に暮れています。内縁関係だと何も相続できないと聞いたのですが、やはり難しいでしょうか？

A 内縁関係の配偶者は法定相続人にはなれませんが、特別縁故者として財産分与を受けられる可能性があります。また、年金の給付に関しては法律上の配偶者と同じように受給資格が認められているものもあります。

◆配偶者とは婚姻届を提出し、法律上の婚姻関係にある者

　相続において、「配偶者は常に相続人」といわれますが、この配偶者とは法律上の婚姻関係にある相手方を指し、入籍をしていない、いわゆる内縁関係のパートナーは、残念ながら配偶者とはなりません。亡くなったパートナーの方には法定相続人がいらっしゃらないということですので、このままにしておくと誰もその方の財産を相続することができません。

◆特別縁故者

　もっとも、被相続人と特別の縁故があった人は、法定相続人が存在しないことが確定してから３か月以内に、家庭裁判所に財産分与の申立てを行うことにより、財産分与を受けられる可能性があります（民958の２）。内縁関係のパートナーは特別縁故者といえますが、この特別縁故者制度を利用するためには以下の要件を満たす必要があります。

①　相続人のあることが明らかでない（民951）

②　相続財産清算人が選任されている（民952）

③　相続債権者等に支払った後に残財産がある（民957）

　よって、まずは、パートナーの方の戸籍謄本等から、法定相続人の有無を確認し、誰もいなければ、相続財産清算人の申立てを行いましょう。

　なお、特別縁故者としての財産分与が認められるか否か、また認められたとして、どのくらいの財産を取得できるかは、亡くなったパートナーと特別縁故者であるあなたの関係性から、家庭裁判所が判断することとなります。財産分与の申立ては、相続人の不存在確定から３か月以内ですので、ご注意ください。

◆借家権の承継

　借家人が相続人なしで死亡した場合、その借家に居住していた内縁の配偶者には、借家権の承継が認められています（借地借家36）。

◆年　金

　労働災害における遺族補償（労基79、労災16の２）や厚生年金における遺族厚生年金の給付（厚年３②・59）に関しては、内縁関係のパートナーにも受給資格が認められています。ただし、子供がいないおふたりさまの場合、国民年金における遺族基礎年金は支給されませんのでご注意ください（国民年金法37の２）。

4　相続人が誰もいないときは財産はどうなるの？

Q　　私は一人っ子で、両親は既に他界しています。結婚もせずに、孤独を愛して生きてきましたが、最近終活を考えるようになりました。自分が死んだら、親から相続した不動産や車、預貯金などはどうなってしまうのでしょうか？

A　　相続人が誰もいない場合、あなたに借金等の負債がなければ、原則全ての財産は国のものになります。特に財産をあげたい人や、寄付をしたい団体等があるのであれば、遺言書を書いておくとよいです。

◆国庫帰属財産の増加

　相続人がいない等の理由で国庫に入る遺産額が、2022年度は約768億円と過去最高になったそうです。これは10年前の約2倍です。

◆国庫に帰属するまでの流れ

　相続人がおらず、遺言もない場合、残された遺産は、利害関係者の申立てにより、家庭裁判所に選任された「相続財産清算人」が手続にのっとって整理をしていきます。

相続財産清算人は、被相続人に、本当に相続人がいないかを確認し、被相続人に借金があれば、債権者に支払をし、未払いの税金や公共料金などを清算します。この時点で遺産がなくなれば、手続は終了となります。

　残余財産がある場合は、相続人が誰も現れなくても、被相続人と一緒に暮らしていた、身の回りの世話をしていた等の「特別縁故者」がいれば、その方から相続財産分与の申立てがなされると、家庭裁判所の判断に基づき、相続財産を分与します。それでも、残余財産がある場合には、その全てが国庫に入ります。ここまで最短でも1年程度の時間がかかります。

◆自分の遺志を実現するには遺言書

　先祖から受け継いだ財産や自分が築いてきた資産を、これまでお世話になった人に託したい、応援している団体の活動支援に使ってほしい等の想いがあるのであれば、遺言書を作成することをお勧めします。各々の遺産をどうしたいかということが明記された有効な遺言書があれば、原則として相続財産清算人を選任する必要はありません（遺言書に記載漏れの遺産があると、相続財産清算人を選任する必要が出てきます。）。ただし、「相続財産の2分の1をAに遺贈する」と財産の全部又は一定の割合を包括的に指定した人に遺贈するというような内容の場合、仮にあなたに借金があると、Aさんはその借金についても2分の1を相続することになってしまうので気を付けましょう。

　なお、遺言書を作成する際には、執行手続を速やかに進めるためにも遺言執行者の指定も忘れないようにしましょう（Q26参照）。

　また、次の時代を担う人や社会に貢献したい、お世話になった学校や地域に恩返しがしたいという方の想いを実現できる、遺贈寄付という選択肢もあります（詳細は、一般社団法人日本承継寄付協会のホームページをご参照ください。）。

5　どんな財産が遺産になるの？

Q　おひとりさまなので、兄弟に迷惑を掛けないように遺言書を書こうと思うのですが、そもそも相続財産とはどんなものなのでしょうか？自分の所有物は全て誰に渡すかを決めないといけないのでしょうか？

A　相続時にあなた（被相続人）に属していた全ての財産が有形、無形を問わずに相続財産となります（民896）。相続人のためにも、相続財産を一覧にして整理しておくとよいですね。

◆現金・預貯金・有価証券等

　ご相談を受けると、合併前の金融機関の通帳をお持ちいただくことがあります。後の手続に時間がかからないように、なるべく最新の状態にしておいた方がよいです。また、銀行名、支店名、口座番号の一覧表を作っておくことが賢明です。有価証券についても証券会社名、口座番号はまとめておきましょう。

◆不動産、会員権等

　土地の権利証やゴルフ会員権、預託金証書などを貸金庫に預けている方は、貸金庫の所在、番号等とともに、そこに何が入っているかも記載して

おきましょう。不動産に関しては、登記簿謄本、抵当権の有無についても
まとめておくと、相続人の方はとても助かると思います。

◆**生命保険、個人年金保険、死亡退職金**

　これらも契約や規定の内容によっては相続財産となります。もっとも、
<u>受取人が指定されている場合には、受取人の固有財産とされ、原則として
相続財産にはなりません。</u>受給者を誰にしているか、請求の手続等の書類
をまとめておくとよいと思います。

◆**著作権、特許権**

　こういった知的財産も相続の対象となります。ご自身が権利者である場
合はその旨、管理をお願いしている団体があるのであればその連絡先等を
まとめておきましょう。

◆**ペット**

　法律上はペットも物の扱いとなり、相続財産となります。おひとりさま
やおふたりさまでペットを飼っていらっしゃる方は多いと思いますし、ペ
ットに財産を相続させたいという希望をお持ちの方も多いと思います（Q
24参照）。もっとも、特におひとりさまの場合は、ご自身の財産をペットに
どう相続させるかの前に、ご自身の死後に、誰にペットの世話をしてもら
うのか、そもそもどうやって引渡しをするのか、そのためにはどのくらい
の財産を渡すのかというところまで具体的に決めておくとよいと思いま
す。

◆**その他**

　<u>遺言書に特に記載をしなければ、その他の相続財産は相続財産清算人が
換価し、現金を国庫に引き継ぐこととなります。</u>

6　海外に資産があるときに注意すべきことはなん ですか？

Q　私たちは日本人夫婦です。子供もおらず、年に数回、趣味のゴルフで海外旅行に行くことを楽しみにしています。中でもハワイが好きで、ゴルフクラブの会員権や不動産も所有しているのですが、これらを相続させるに当たり、何か注意すべきことはありますか？

A　どの国にどのような種類の財産があるかで、適用される法律や手続が異なりますので、相続手続が複雑になることは間違いありません。できるだけ資産の整理はしておかれた方がよいですね。

◆被相続人が日本国籍であれば、日本法

　海外に資産がある場合、当然のように日本法が適用になるわけではありません。まずは、どの国の法律に基づいた相続手続を行うのか（準拠法）を決める必要があります。日本では、相続は被相続人の本国法による（法適用36）とありますので、海外に資産があるような国際相続においても、原則として被相続人が日本国籍所持者であれば、日本法にのっとって相続手続が行われます。

◆プロベート相続手続

　しかし、アメリカやイギリスなど英米法国系の国では、遺言書の有無に関係なく、動産や不動産等の海外財産の遺産相続等は裁判所の管理の下に行われます。これを「プロベート相続手続」といいますが、完了までに平均１～３年かかり、手続が完了するまで、相続人が遺産を相続することはできませんので、注意が必要です。もちろん費用もかかりますので、この手続を回避するために、信託を利用する、共同保有にしておく等の方策がありますが、残された妻が自身の相続を考えたときには、同じ問題に突き当たりますので、ご夫婦で話し合われて、生前に処分をする（現金化しておく）ということも１つの方策ではないかと思います。

◆二重課税回避

　相続人が日本に居住している場合、国内財産も海外財産も全て相続税の対象となる（相税１の３①一）一方で、海外財産については、当該国の相続税も課せられる場合があります。そこでこういった、いわゆる二重課税を回避するために、外国税額控除では、海外の不動産に対して、海外で相続税が課された場合、納付した相続税額を上限として、日本で課される相続税額から控除することができます。控除できる額は以下の２つの要件のうち、いずれか少ない方となります。

①　海外で支払った相続税額
②　日本での相続税額 ×（海外にある相続財産額合計 ÷ 相続人の相続財産額合計）

7 おひとりさま・おふたりさまが相続で気を付けておきたいことはどんなこと？

Q 結婚をせずに独身を貫いています。自分が死んだときのことも考えるのですが、相続という点からはどんなことに気を付けたらよいですか？

A おひとりさまの場合は、自分が不慮の事故や病気等になったときのことを想定して、健康なうちに財産の処分方法の検討を進めておく必要があります。おふたりさまの場合も、ご夫婦の年齢が近い場合は、互いに健康に留意しながら、財産管理や処分を検討しておくとよいでしょう。

◆おひとりさまの相続

　おひとりさまは、自分が亡くなった後の財産をどう処分するかを生前から自分自身で考えておく必要があります。自分が応援をしている団体に遺贈をする、個人的にお世話になった方に相続してもらう、金銭的価値が低いものに関しては、合わせて処分もお願いする、ペットの世話を条件に財産を相続させるなど、様々なご希望がおありだと思います。

　何もしなければ、相続人のいない財産は、原則国庫に入ってしまいますので、ご自身が形成してきた財産を、どのように後世に残していくかを考え、実行したいのであれば、生前から検討をしておく必要があります。相続させるといっても、受け取る側には相続税が発生することもあるため、遺言で突然相続させるよりは、生前から話をしておかれた方が、よりあなたの希望がかないやすくなるのではないでしょうか。

◆おふたりさまの相続

　おふたりさまの相続は、相続人として配偶者がいますので、生前に全て決めておかなければ、大変なことになるということはないでしょう。もっとも夫婦で財産の処分について話合いをしていないと、残された配偶者の方が、相続手続に奔走しなければならなくなりますので、どこにどんな財産があるのか、配偶者以外に法定相続人がいるのか、等についても、きちんと書面に残しておくか、配偶者に伝えておくことは、残された方に対する優しさだと思います。

　また、年齢が近いおふたりさまの場合は、お二人同時に病気になって入院してしまうというケースもあり、いざ相続の準備をしようにも身動きが取れないということも起こり得ます。ある程度の年齢になったら、健康なうちに、将来の二人の財産をどうするかについては、話合いをなさっておいた方がよいと思います。

　配偶者以外に法定相続人がいるケースでは（前婚での子供等）、残された配偶者が被相続人の死亡時に住んでいた建物を亡くなるまで又は一定の期間、無償で使用することができる配偶者居住権を設定しておくことで、残された配偶者の方の生活を安定させることができます。もっともこの場合は、所有権を前婚の子供に、居住権を後妻にというケースですので、両者の関係が悪いと、居住権に支障が出てくる可能性もあります。権利を設定するに際しても、事前に関係者で話合いをしておくことが有用だと思います。

8 おひとりさま・おふたりさまの相続人になる人が気を付けておきたいことはどんなこと？

Q 私は二人兄弟で兄がいます。兄はバツイチですが子供もおらず、再婚もしていないので、将来的には私が相続人になると思います。どんなことに気を付けたらよいでしょうか？

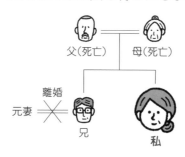

父（死亡）　母（死亡）

離婚
元妻　✕　兄　　私

A お兄さんに、認知した子供がいないか等、あなたの他に相続人がいないか、また相続財産の取扱い等についても、希望を聞いておくとよいのではないでしょうか。

◆法定相続人

　ご質問のように、現在お兄さんが独身で、お兄さんが亡くなった時にご両親が既に他界していれば、法定相続人は妹であるあなただけになります。もっとも、あなたの知らないところでお兄さんが認知している子供がいる可能性も考えられます。その場合は、お兄さんの全財産は当該子供が相続することとなりますので、可能であれば、生前お兄さんにその旨の確認をしておいた方がよいでしょう。難しければ、お兄さんが亡くなった後に、戸籍を取得して確認しましょう。仮に認知した子供がいればその旨の記載があります。

◆相続財産

　生前に、お兄さんに相続財産の整理をお願いしておくことも、後々の相

続手続を円滑に進めるためには有用です。兄弟であっても、どこにどんな財産があるかを把握しているという方は皆無に近いのではないでしょうか。お兄さんはご自身がおひとりさまであり、あなただけが法定相続人であることを認識していらっしゃると思うので、少しずつ相続の話をしていける関係性を作っておいた方がよいでしょう。その際に、手続が大変になるから、相続財産の一覧表は作成しておいてとだけ伝えると、俺の財産を狙っていると誤解をされ、関係性が悪くなることも考えられます。お兄さんの意思を尊重したいので、自分の財産を死後にどうしたいのか（寄付したい団体などがあるのか）という点も含めて、遺言書に記載をしてほしいという伝え方であれば、少しはハードルが下がるかもしれません。

　残される相続人にしてみれば、来るべき時に備えて、被相続人には相続財産の整理などをしてほしいと思うところですが、被相続人にしてみれば、相続人が自分が死ぬのを待っているようで、腹立たしいというところがあるようです。最初の話の持っていき方を間違えると、骨肉の争いに発展し、絶縁状態になるケースもありますので、相手の気持ちを考えながら、少しずつ相続について、話ができるようにしていけるとよいですね。

9　おひとりさま・おふたりさまの相続では、誰が相続人になるの？

Q 　私は気ままが一番と独身貴族を謳歌してきました。先日、高校の同級生と会い、そろそろ終活もしなければと話していたのですが、彼は結婚はしているものの子供はいません。我々の財産は誰が相続することになるのでしょうか？

A 　配偶者は常に相続人となります。加えて、両親が存命であれば両親、両親が他界していて、兄弟がいらっしゃれば、その方が相続人となります。兄弟が亡くなっていても、姪、甥がいれば、相続人となります。

◆法定相続人

　相続が発生した場合に、誰がどの順番で相続人になるかという相続人の範囲（法定相続人）と、その相続割合（法定相続分）については、民法に規定があります。

　死亡した人（被相続人）の配偶者は常に相続人となり（民890）、配偶者以外の人は、次の順序で配偶者と一緒に相続人になります。ただし、内縁のパートナーは法定相続人とはなりません。また相続を放棄した人は初めから相続人ではなかったものとされます。

第1順位は、被相続人の子供です（民887）。その子供が既に死亡している
ときは、その子供の直系卑属（子供や孫など）が相続人となります。第2
順位は、被相続人の直系尊属（父母や祖父母など）です（民889①一）。父母
も祖父母もいるときは、被相続人により近い世代である父母の方を優先し
ます。第2順位の人は、第1順位の人がいない場合に相続人となります。

　第1順位の人も第2順位の人もいないときは、第3順位である被相続人
の兄弟姉妹が相続人となります（民889①二）。その兄弟姉妹が既に死亡して
いるときは、その人の子供（姪、甥）が相続人となります。

◆おひとりさまの法定相続人

　おひとりさまは、両親が健在であれば、両親が相続人となります。両親
が亡くなっていて、兄弟がいれば、兄弟が、兄弟が亡くなっていても、そ
の方に子供がいれば、その子供（おひとりさまの姪、甥）が相続人となり
ます。被相続人が男三人兄弟の長男で、次男が娘を残して亡くなっている
場合（両親は二人とも死亡）は、三男と、次男の娘が、相続人になるとい
うことです。

　ただし、離婚歴があって、現在おひとりさまである、という方は、元妻
との子供が第1順位の法定相続人となります。

◆おふたりさまの法定相続人

　おふたりさまの場合、配偶者は常に相続人ですので、おひとりさまの法
定相続人に、配偶者が加わるというように考えてください。

　自分の法定相続人が誰なのかを、把握しておきましょう。

10 おひとりさまの異母兄弟は相続人になるの？

Q 両親は私が小さい頃に離婚し、私は母に引き取られました。父とは全く音信不通でしたが、私が35歳の時に父が亡くなり、葬式の席上で、父が再婚していたこと、再婚相手との間に子供が1人いることが分かりました。異母とはいえ兄弟ですので、将来私が死んだ場合に、彼は相続人になるのでしょうか？

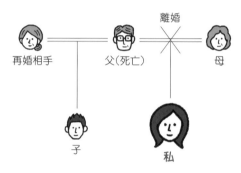

A あなたが独身である、結婚はしているが子供がいない等のケースに限定されますが、あなたが死亡した場合、異母兄弟が第三順位の相続人となる可能性があります。

◆異母兄弟も第三順位の相続人

相続において、配偶者は常に相続人であり、法定相続の順位は、第1順位が子供、第2順位が親等の直系尊属、第3順位が、兄弟姉妹でしたね（Q1参照）。この第3順位の相続人である被相続人の兄弟姉妹とは、父母を共通とする兄弟姉妹だけでなく、父又は母の片方の親が共通である場合のいわゆる異母（異父）兄弟も含まれます。

◆異母兄弟が相続人となるケース

もっとも、兄弟の相続順位は第3位ですので、仮にあなたが亡くなった場合に異母兄弟があなたの財産を相続するのは、あなたが独身である、又

は結婚はしているが子供はおらず、あなたのご両親や祖父母も既に亡くなっているという場合に限られます。

　同様に、異母兄弟が亡くなった場合、その異母兄弟が死亡時に独身であった、若しくは結婚はしていたが子供はおらず、あなたとの共通の父親、異母兄弟の母親や祖父母が全員亡くなっている、という場合には、あなたがその異母兄弟の相続人となります。

　異母兄弟との交流は少ないという方は多いでしょうから、仮にあなたのご両親に離婚歴があり、後婚で子供がいる場合には、その人数や連絡先等も分かるようにしておいた方が、何かあったときに、慌てずに済むと思います。

◆兄弟には遺留分がない

　全く交流もなく、父親の葬式でだけ会っただけの異母兄弟に自分の財産を相続等させたくないと思うのであれば、自分が財産を相続してもらいたい人に財産が渡るよう、遺言書を作成しておくことをお勧めします。子供等に認められている遺留分は、兄弟姉妹には認められていませんので、遺言書を作成しておけば相続後に遺留分を請求される心配もありません。

　このように、ご自身が独身のおひとりさまであったり、結婚をしていても子供がいないおふたりさまは、遺言書を作成しておくことで、異母兄弟があなたの財産を相続することを避けることができます。

11　祖父母の代から相続手続していないときには相続人や相続分はどうなるの？

Q　３年前に父方の祖父が亡くなり、１か月前に父も突然亡くなってしまいました。父は三人兄弟の長男ですが、兄弟間の仲が良くなくて、祖父の相続が手付かずになっていました。私はおひとりさまで、二人兄弟の長女です。祖母も母も健在ですが、この場合、相続関係はどうなるのでしょうか？

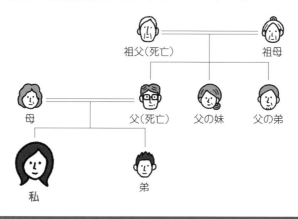

A　祖父の相続人として父親が受け取るはずであった財産を父親の相続人である母親（配偶者）と子供２人で相続することになります。父親自身の財産についても、法定相続人３人で相続することとなります。

◆数次相続

　１つ目の相続手続が完了する前に、２つ目、３つ目の相続が開始されることを、「数次相続」といいます。ご質問のように、兄弟間の仲が悪く、相続手続を長年放置している間に、相続人の一人が亡くなり、相続が積み重なっていくというケースが典型例です。

◆祖父の相続

　祖父の法定相続人は、祖母と３人の子供です。相続割合は、祖母２分の１、子供は６分の１ずつです。子供の一人である父親が亡くなった場合、その相続権は、父親の相続人に引き継がれます。よって、祖父の財産の６分の１を、父親の配偶者（あなたの母）と、あなたと弟の３人で相続することとなります。よって、祖父の相続財産のうち、母が12分の１、あなたと弟がそれぞれ24分の１を相続することとなります。

◆父親の相続

　父親の財産については、法定相続人の配偶者（あなたの母）が２分の１、あなたと弟がそれぞれ４分の１ずつ相続をすることとなります。

◆相続手続は放置しない

　ご質問のように、相続を放置すると、相続人が増えていくケースが多く、相続財産に不動産がある場合などは、その相続登記に膨大な書類が必要になるということもあります。また、誰が不動産を相続するかが決まっていなくても、手放さない限りは、相続人の誰かが、光熱費、管理費、固定資産税等を負担する必要があり、そういった費用を何十年後に他の相続と合わせて清算するということは、とても大変です。

　最初の相続にきっちり向き合うことで、次の相続からはスムーズにいくということもありますから、当事者間で話合いができなかったとしても諦めて放置することなく、弁護士を立てる等して、解決の道を探りましょう。放置してもいつかは誰かが解決をしなければならないのですから。

　なお、不動産については令和６年４月から相続登記の申請が義務化されますので、不動産を相続することになった場合は、速やかに手続を行うようにしましょう。

12 おふたりさまで婿養子だった夫が亡くなったときの相続人は誰になるの？

Q 私は一人っ子であったため、四人兄弟の末っ子だった夫に、婿養子として我が家の籍に入ってもらいました。私たちに子供はいないのですが、夫が亡くなった場合の相続人は誰になるのでしょうか？

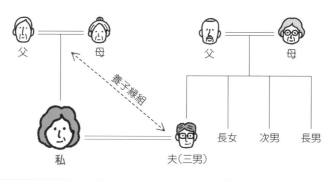

A 婿養子が亡くなった場合、配偶者以外に、子供等の直系卑属がいない場合は、直系尊属である両親が相続人となります。普通養子縁組の場合は、養親と実親の両方が、相続人となります。

◆婿養子とは

　婿養子とは、法律用語ではありませんが、一般的には、男性が婚姻をきっかけとして、妻となる者の両親と養子縁組することをいいます。

◆養子縁組

　養子縁組には、普通養子縁組と特別養子縁組があります。もっとも、特別養子縁組は、養子となる子が原則として15歳未満であること等の厳格な要件があり、婿養子に用いられる制度ではありませんので、婿養子の相続を考える場合は、普通養子縁組を前提にお答えします。

◆婿養子の相続人

　義理の両親と養子縁組をしても、実親との親子関係が消滅するわけではありませんので、婿養子となっても、実親の相続人であることに変わりはありません。裏を返せば、婿養子が死亡した場合で、子供等の直系卑属がいない場合は、配偶者と直系尊属が相続人となりますが、この直系尊属には、養子縁組をした義理の両親だけではなく、実の両親も含まれるということです。ご質問の場合は、夫が亡くなった時点で養親、実親が健在であれば、あなたが相続財産の３分の２、親はそれぞれ12分の１を相続することになります。

　直系卑属も直系尊属もいない場合は、兄弟姉妹が相続人になりますが、この場合も、実の兄弟と養子先の兄弟の両方が対象となります。

　なお、普通養子縁組は、義理の両親の一方とのみ締結することも可能です。その場合、婿養子の相続人は当然、養子縁組をした片方の養親だけになりますし、養子先の兄弟は、異母兄弟・異父兄弟と同じ扱いになるので、実の兄弟がいる場合は、養子先の兄弟の相続分は、実の兄弟の半分となります。

◆代襲相続

　婿養子が亡くなった後に養親が亡くなった場合、養子の子は養親の相続人になれる（代襲相続）のでしょうか。養子の子が養子縁組後に生まれた場合は、代襲相続することができますが、生まれた後に養子縁組をした場合は、代襲相続することはできません。一般的に婿養子の場合は、婚姻の際に、義理の両親と養子縁組をするケースが多いため、その後に子供が生まれていれば、代襲相続は可能となります。

13　再婚同士のおふたりさまで、互いに最初の婚姻で子供がいる場合は誰が相続人になるの？

　　私と夫は互いにバツイチ同士で再婚をしました。私たち夫婦の間には子供はいませんが、互いに前婚で子供がいます。夫の子供は夫の前妻が親権を持っており、私の子供の親権も前夫が持っています。この場合、私たちが亡くなったときの相続人は誰になるのでしょうか？

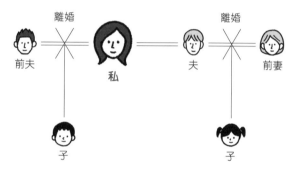

　　離婚をしても、親子関係が解消になるわけではありませんので、前婚の子供はそれぞれの親の相続人となります。

◆配偶者は常に相続人

　配偶者は常に相続人になります（民890）。配偶者とは、籍を入れている人を指しますので、離婚をすれば、前婚の配偶者が、相続人となることはありません。仮に夫婦関係が破綻をしていて、何十年も別居をしていて、別のパートナーと生活を共にしているとしても、相続における配偶者は戸籍が同一の者なので、別居をしている配偶者があなたの相続人となります。

◆前婚の子供も相続人

　離婚をしても、親子関係が消滅するわけではありません。そして、被相続人の子供は、相続人ですから（民887）、親が離婚をした場合でも、当該夫

婦の子供は、父親と母親双方の相続人であることに変わりはありません。よって、あなたが亡くなった場合の相続人は、現在の夫と、あなたと前夫との間の子、夫が亡くなった場合の相続人はあなたと、夫と前妻との間の子となります。

　子連れで再婚をした場合も、新しい親と養子縁組をすることによって、新しい親の相続人となりますので（民796）、仮に母親が再婚をしても、新しい父親と連れ子が養子縁組をしない限り、連れ子が新しい父親の相続人になるということはありません。

◆連れ子との養子縁組の注意点

　母親の連れ子が、新しい父親と養子縁組をした場合は、その連れ子は、母親、父親（母親の前配偶者）及び、母親の新しい配偶者、3人の相続人になります。また、新しい父親が母親の連れ子と養子縁組をしていた場合には、仮にその母親と離婚をしたとしても、連れ子に対する養育義務は発生しますし、自分の相続人であることにも変わりはありません。

　離婚後も養子縁組をそのままにした状態で、自身が再婚をすれば、将来的に自分が死亡したときの法定相続人は、その時点での配偶者、当該配偶者との間に子供がいれば、その子供に加えて、前妻の連れ子となります。よって、連れ子と養子縁組をしたのちに、母親と離婚をするということになった場合には、後々のトラブルを回避するために、養子縁組をどうするかということは、しっかり考えておいた方がよいと思います。

14 おふたりさまで、夫に前妻との間に子がいる場合、妻が先に死亡すると、妻の財産が、前妻の子に相続されるの?

Q 私の夫には離婚歴があり、前妻との間に女の子（A）がいます。夫と私の間には子はいません。私には弟がいますが、両親は既に他界しています。この状況で、もし私が夫より先に死んだ場合、私の財産は、夫とAが相続することになるのでしょうか?

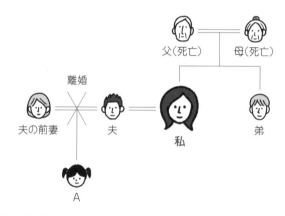

あなたとAとの間には、血縁関係がありませんので、別途、養子縁組をするなどしない限り、あなたの財産をAが相続することはありません。

◆法定相続人

相続が発生した場合に、誰がどの順番で相続人になるかという相続人の範囲とその相続割合については、民法に規定があります。

詳細については、Q9の解説などもご参照ください。

死亡した人（被相続人）の配偶者は常に相続人となり（民890）、配偶者以

外の人は、次の順序で配偶者と共に相続人になります。

◆**被相続人と血縁関係のない子供は相続人とならない**

　第１順位は、被相続人の子供です（民887）。ここでいう子供とは、原則として、被相続人と血縁関係のある子供となります。養子縁組により、血縁関係のない親子間に法律上の親子関係を生じさせることは可能ですが、そうでない限り、被相続人と血縁関係のない子供は相続人とはなりません。

　第２順位は、被相続人の直系尊属（父母や祖父母など）です（民889①一）。第２順位の人は、第１順位の人がいない場合に相続人となります。

　第１順位の人も第２順位の人もいないときは、第３順位である被相続人の兄弟姉妹が相続人となります（民889①二）。

◆**最終的に血縁関係のない子供に相続される可能性も**

　ご質問のケースでは、あなたの法定相続人は、配偶者である夫と、第３順位の弟であり、Ａが相続人となることはありません。もっとも、その後夫が死亡した場合、その時点で夫に他に子供がいなければ、夫の唯一の相続人は、Ａとなりますので、最終的にはあなたの財産が、夫経由でＡに相続されることになります。

　例えば、あなたの家で、代々所有してきた不動産があり、長女のあなたが相続をしているという場合、仮にその不動産を夫が相続すると、最終的にはその不動産をＡが相続することになります。あなたの遺産相続の段階で、不動産は弟に相続させる等の対応をしておく（遺言書を作成）といったことが、後々のトラブル回避のためには有用かもしれません。

15 自分で財産を管理することが不安になってきたものの近くに頼れる親族がいないときはどうしたらいいの？

Q 　私は、複数の不動産、預貯金、有価証券等を保有している、おひとりさまです。70歳を過ぎ、判断能力や記憶力の衰えを痛感しています。弟は遠方に住んでいますし、財産管理の方法は何かありますか？

任意後見制度や、信託制度の活用が考えられます。

◆判断能力の低下と財産管理

　認知症になるなどして、判断能力が低下すると、自分で財産を処分したり、必要な契約を締結したりすることが不可能ないし著しく困難となってしまいます。判断能力がしっかりしているうちに、他人に財産管理等を委ねておく方法を検討しておきましょう。

◆任意後見制度について

　任意後見制度とは、判断能力が低下した場合に備えて、元気なうちに自分自身で後見人を指名し、その後見人に任せる事務内容をあらかじめ定めておく制度です。後見人は、判断能力が低下した本人に代わって財産を管理したり、契約を締結したりすることになります。後見人には、家族や親

族はもちろん、弁護士などの専門家を指名することもできます。本人と後見人予定者との間で、任意後見契約（公証人が作成する公正証書により締結）を締結することで利用できる制度となります（任意後見3）。

　ご自身の判断能力が低下したときに、任意後見受任者（後見人予定者）などが家庭裁判所に任意後見監督人（任意後見人の職務を監督する人）の選任を申し立て、選任されると、任意後見の効力が生じ、後見人による財産管理が開始されます（任意後見2・4）。任意後見人に対しては任意後見契約に基づく報酬を、任意後見監督人へは家庭裁判所の決定した報酬を支払う必要があります。

　なお、判断能力が低下する前から、後見人予定者に財産管理を委ねたい場合には、任意後見契約と併せて財産管理委任契約を締結し、全部又は一部の財産の管理等を委ねることも可能です。

◆信託制度

　信託とは、委託者が信託行為（信託契約や遺言等）により、その信頼できる人（受託者）に対して財産を譲渡し、受託者は委託者が設定した信託目的に従って受益者のためにその財産の管理・処分をする制度です（信託2①）。

　ご質問のケースでは、あなたの判断能力が低下する前に、例えば、委託者をあなた、受託者をあなたの弟、受益者をあなたとする信託契約を締結し、あなたの不動産の一部の名義をあなたの弟に移し、あなたの弟に当該不動産の管理・運用（賃貸等）・処分（売却）などを任せ、あなたの生活のために財産を管理等してもらうといった活用方法が考えられます。受益者のために受託者を監視・監督する信託監督人を選任することもできます。

第3章

16 将来、認知症になったら、財産管理はどうしたらいいの？

Q　私は、おひとりさまで、75歳の現在も元気に一人暮らしをしていますが、もし、今後、私が認知症になってしまったら、財産管理はどうしたらよいのでしょうか？

法定後見制度の利用が考えられます。　A

◆判断能力の低下と財産管理

　認知症になるなどして、判断能力が低下してからでは、任意後見契約や財産管理委任契約や信託契約を締結することは原則としてできません。

◆法定後見制度について

　法定後見制度とは、認知症、精神障害などにより判断能力が不十分な人を、家庭裁判所により選任された成年後見人等が法律的に支援する制度です。本人の判断能力の程度に応じて、後見、保佐、補助の３類型があります。法定後見の申立ては、家庭裁判所に対して行う必要があり、この申立てができるのは、本人、配偶者、４親等内の親族、任意後見人、任意後見受任者などです。

◆後見について

　後見制度の対象者（成年被後見人）（A）は、精神上の障害により、判断

能力を欠く常況にある人です（民7）。後見が開始されると、Aは、日用品の購入や日常生活に関する行為は自分でできますが（民9ただし書）、それ以外の行為は成年後見人（B）が行うこととなり（民859）、Aが行った法律行為は原則取り消すことができます（民9本文）。なお、Bが、Aに代わって、その居住用建物・敷地について、売却・賃貸・賃貸借の解除・抵当権の設定その他これらに準ずる処分をするには、家庭裁判所の許可が必要です（民859の3）。

◆**保佐について**

　保佐の対象者（被保佐人）（C）は、精神上の障害により、判断能力が著しく不十分である人です（民11）。保佐が開始されると、Cは、民法13条1項各号所定の行為（借金や不動産の処分などの重要な行為が列挙されています。）及びそれ以外で家庭裁判所の審判（前提としてCの同意等が必要）によって定められた行為については、保佐人（D）の同意が必要となります。Dはそのほか家庭裁判所の審判（前提としてCの同意等が必要）により特定の法律行為について付与された代理権を有します（民876の4）。

◆**補助について**

　補助の対象者（被補助人）（E）は、精神上の障害により判断能力が不十分な人です（民15）。Eは、家庭裁判所の審判（前提としてEの同意等が必要）によって補助人（F）に同意権が付与された特定の法律行為については、Fの同意が必要です（民17）。Fはそのほか家庭裁判所の審判（前提としてEの同意等が必要）により特定の法律行為について付与された代理権を有します（民876の9）。Eは、成年被後見人らに比べて不十分ながらも判断能力がありますので、そもそも同意権や代理権を付与するか、いかなる行為に付与するかについて、Eの同意等が必要とされています（民15②・17②）。

17　おひとりさまが相続において利用できる制度にはどんなものがあるの？

Q　おひとりさまの私の両親のうち、母は既に他界していますが、父は健在です。私は父とは昔から反りが合わず、最近は一切交流がありません。また、私には弟がいて、弟には娘が1人います。私の死後、私の財産をできる限り姪に承継させたいと思っていますが、どのような方法がありますか？

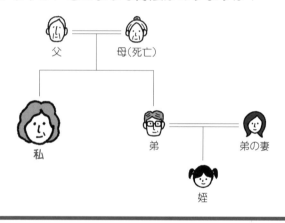

父 ＝ 母（死亡）

私　　弟 ＝ 弟の妻

姪

遺贈や養子縁組などを活用することが考えられます。

◆法定相続人・法定相続分について

　ご質問のケースで、仮にあなたが遺贈や養子縁組などを活用することなく、お亡くなりになった場合の法定相続人は、あなたの父親のみとなり（民889①一）、あなたの父親が全財産を相続することになります。

◆遺贈の活用

　遺贈とは、遺言によって第三者に財産の全部又は一部を無償で譲り渡すことです（民964）。あなたの姪にあなたの全財産を取得させる旨の遺言書を作成することで、あなたの全財産を姪に取得させることができます。

◆**遺留分について**

　もっとも、兄弟姉妹を除く法定相続人には、遺留分、すなわち、被相続人（亡くなった方）の財産から法律上取得することが保障されている最低限の取り分が法律上保障されています（民1042①）。遺留分の割合は、直系尊属（両親など）のみが相続人の場合、法定相続分の３分の１とされています（民1042①一）。

　被相続人が財産を遺留分権利者以外に贈与又は遺贈し、遺留分権利者が遺留分に相当する財産を受け取ることができなかった場合、その遺留分権利者は、贈与又は遺贈を受けた者に対し、遺留分を侵害されたとしてその侵害額に相当する金銭の支払を請求することができます（遺留分侵害額の請求（民1046①）。）。

　特定の相続人の遺留分を侵害する遺言も一応有効ですが、ご質問のケースの場合、直系尊属であるあなたの父親には３分の１が遺留分として保障されていますので、全財産を姪っ子に取得させるという内容の遺言書を作成した場合、あなたの父親から姪っ子に対し、遺留分侵害額の請求がなされる可能性があります。無用な争いを生じさせないためにも、あなたの父親に少なくとも３分の１に相当する財産を相続させる内容の遺言にするなど、遺留分への配慮を検討してはいかがでしょうか。

◆**養子縁組の活用**

　養子縁組とは、実の親子関係がない者との間に法律的に親子関係を設定するもので、養子縁組が成立すると成立日から実の親子と同じように親子関係が法的に成立します。養子縁組の方法には、普通養子縁組の方法と特別養子縁組の方法があります。詳細はＱ36を参照してください。

◆**姪との養子縁組**

　ご質問のケースでは、あなたが姪と普通養子縁組をして養子にすると、姪はあなたの子となり、その後にあなたが亡くなった場合の法定相続人は、姪のみとなります（民887①）。あなたは、姪と普通養子縁組をすることにより、あなたの全財産を姪に相続させることが可能です。この場合、あなたの父親は法定相続人とならず、遺留分に配慮する必要もありません。

18　おひとりさまが遺言書を作成する際に気を付けることは？

Q　おひとりさまの私には、内縁のパートナーがいます。両親に遺留分相当額の財産を相続させる以外は、全てパートナーに相続させる旨の遺言書を作成したいのですが、気を付けることはありますか？

A　遺言書の作成に当たっては、無効とならないよう法定の方式に従って作成する必要があります。また、遺言の種類ごとの特徴を理解して作成しましょう。

◆自筆証書遺言について

自筆証書遺言は、遺言者が遺言書の全文、日付及び氏名を自書し（財産目録については一定の条件の下、例外が認められています。）、これに押印して作成する方式の遺言です（民968）。自分一人で作成できるため費用はかかりませんし、遺言の内容を秘密にできるといったメリットがあります。他方で、紛失したり、死後に家族に発見してもらえなかったり、専門家のチェックを受けていない場合には、形式的な不備により無効となったり（例えば、加除や訂正についても厳格な様式が求められています。）、封印されている遺言の開封に当たっては裁判所における検認手続が必要となる（自筆証書遺言の保管制度を用いた場合は例外が認められています（Ｑ39参照）。）等のデメリットがあります。

◆**公正証書遺言**について

　公正証書遺言は、証人２人以上の立会いの下、遺言者が遺言の内容を公証人に伝え、公証人がこれを筆記して公正証書による遺言書を作成する方式の遺言です（民969）。公証人が作成に関与するため不備による無効となりにくく、公証人が遺言者の遺言能力を確認するため遺言能力が否定されにくく、作成された遺言書は公証役場で保管されるため紛失のおそれはなく、裁判所における検認手続が不要である等のメリットがあります。他方で、作成までに公証人との打合せが必要となったり、公証人手数料が別途かかります。

◆**秘密証書遺言**について

　秘密証書遺言は、遺言者が遺言書に署名捺印の上封印し、封紙に公証人１人及び２人以上の証人が署名捺印等して作成する方式の遺言です（民970）。公証人と証人には遺言書の内容は明らかにせず、遺言書の存在だけを明らかにするものです。そのため、死後に家族に発見されないリスクが軽減されますし、署名と押印さえ遺言者本人が行えば、あとの内容は自筆である必要はなく、パソコンや代筆によるものでもよいといった特徴があります。他方で、専門家のチェックを受けていない場合、誰にも内容を公開しないことから、形式的不備により無効となってしまったり、裁判所における検認手続が必要となったり、公証人手数料が掛かるということがあります。

◆**特別の方式による遺言**について

　以上の普通の方式と異なる特別の方式による遺言としては、大きく死亡危急時遺言と隔絶地遺言の２つの種類があります（民976以下）。詳細は割愛しますが、遺言者の死期が迫っているなど、普通の方式による遺言を作成できない特殊な状況下での遺言作成を可能とするものです。

19 おひとりさまが自分に虐待や重大な侮辱を繰り返す親族を相続人から外すためにはどうしたらいいの？

Q おひとりさまの私は、両親と同居しています。父は、私が幼い頃から、お酒を飲むと理由もなく母や私に殴る・蹴るなどの暴力を振るい、人格を否定するような暴言を繰り返してきました。もし、私が死んだ場合に、私の財産を父が相続することだけは阻止したいと思っています。どのような方法がありますか？

A あなたが家庭裁判所に相続人廃除の審判を申し立てる方法（生前廃除）と、あなたの死後に遺言執行者に当該申立てをしてもらうために遺言書を作成しておく方法（遺言廃除）が考えられます。

◆相続人の廃除の方法等について

相続人の廃除とは、推定相続人（相続が開始した場合に相続人となるべき者）のうち、遺留分を有する相続人を相続から廃除し、相続権を失わせる制度です。原則として、被相続人が自身の住所地を管轄する家庭裁判所に推定相続人廃除の審判を申し立てる必要があります。

相続人の廃除の対象となるのは、推定相続人のうち、遺留分が保障されている配偶者、直系卑属（子や孫）、直系尊属（父母や祖父母）に限られます（民892）。兄弟姉妹には遺留分が認められていないので、遺言書で遺産を

取得させないようにしておけばよいことから、兄弟姉妹は相続人の廃除の対象とはされていません。

　相続人の廃除の方法としては、被相続人本人が存命中に家庭裁判所に相続人廃除の審判を申し立てる生前廃除の方法（民892）と、被相続人が自分の死後、遺言執行者に家庭裁判所に相続人廃除の審判を申し立ててもらうよう遺言書を作成しておく遺言廃除の方法（民893）があります。いずれの方法についても、廃除が認められるためには、一定の要件を満たす必要があります。

◆相続人の廃除の要件について

　相続人の廃除が認められるためには、廃除の対象とされている推定相続人が、①被相続人に対して虐待をした、②被相続人に対して重大な侮辱を加えた、③その他の著しい非行があった、のいずれかの要件に該当すると家庭裁判所が認めることが必要です（民892）。相続人の廃除は、推定相続人から相続権を完全に奪うという強い効果が生じるため、認められるケースは非常に限定されています。

◆相続人の廃除の効果について

　相続人の廃除を認める審判が確定すると、廃除された相続人は、遺産を相続することができません（遺留分も認められません。）。

　ご質問のケースの場合、あなたの父に対する相続人廃除の審判が確定すると、あなたの母のみが法定相続人としてあなたの遺産を相続することになります。なお、相続人の廃除を認める審判の確定から10日以内に、廃除された推定相続人の本籍地又は被相続人の所在地の市町村役場に相続人廃除の届出をする必要があります。当該届出が受理されると、推定相続人の戸籍に相続人廃除の記載がなされます。

20　おひとりさまが相続で疎遠な甥や姪に迷惑をかけないためにはどんな終活をしておけばいいの？

Q 　おひとりさまの私の両親も姉も既に他界しています。姉には2人の子供がいるのですが、私としては、私の死後、疎遠な甥や姪にできる限り迷惑をかけたくないと思っています。どのような終活をしておけばよいですか？

父（死亡）　　　母（死亡）

私　　　姉（死亡）　　　姉の夫

甥　　　姪

　死後の事務に関する委任契約の締結、負担付死因贈与契約の締結、負担付遺贈、信託制度の活用などが考えられます。

◆死後の事務

　近親者がおらず、法定相続人となる親族がいても遠方に住んでいたり、疎遠な場合、あなたの死後に必要となる、関係者への連絡、遺体の引取りや葬儀や埋葬等、医療費や入院費等の未払費用の支払、不要な家財道具や生活用品等の処分などの事務を実際に行ってくれる人がいなかったり、スムーズに行われないことが想定されます。また、あなた自身も、そのような親族にできる限り頼りたくないということもあるかもしれません。

　そのような場合、終活として、財産や身の回りの整理などを行っておく

ことに加え、信頼できる他人（Ａ）にあなたの死後に必要となる事務の処理を委ね、そのために必要な金銭を預託、贈与、遺贈等しておくことが考えられます。いずれの方法についても、あなたの死後の事務について金銭を預託、贈与、遺贈等することになるため、真に信頼できる人に託す必要があります。

◆死後の事務に関する委任契約について

あなたとＡとの間で、あなたの死後に必要となる上記事務をＡに委託する旨の委任契約を締結しておくことが考えられます。委託したい事務の内容をできる限り具体的に定めるとともに、必要な費用を預託し、相応の報酬を支払うことになります。なお、民法653条１号が委任者の死亡を委任契約の終了事由としていることから、死後の事務に関する委任契約は、その有効性が問題となりますが、これを有効とした判例もあり（最判平４・９・22金法1358・55）、現在は有効と解されています。

◆負担付死因贈与契約について

あなたとＡとの間で、あなたの死後、あなたの財産をＡに贈与する代わりに、Ａがあなたの死後に必要となる上記事務を行う旨の贈与契約を締結しておくことが考えられます（民554）。あなたの死亡により効力が生じる契約です。

◆負担付遺贈について

あなたが、あなたの死後、あなたの遺産をＡに譲る代わりに、Ａにあなたの死後に必要となる上記事務を行う義務を負担させる旨の遺贈（遺言による贈与）をしておくことが考えられます（民1002）。契約ではありませんので、遺贈（遺言書の作成）に当たりＡの同意は不要ですが、Ａは遺贈を放棄することが可能です（**Q22**参照）。

21　おひとりさまが死後、全財産を住んでいる自治体に寄付したいときはどうすればいいの？

Q　私は、不動産、預貯金、有価証券等を保有していますが、おひとりさまで、両親も既に他界しています。妹とは昔から仲が悪く、疎遠なので、死後は、住んでいる自治体に全財産を寄付したいと思っています。どのような方法がありますか？

遺言による寄付（遺贈）を活用する方法が考えられます。

◆**遺言による寄付（遺贈）について**

　遺贈とは、遺言によって第三者に財産の全部又は一部を無償で譲り渡すことです（民964）。ご質問のケースのように相続財産の全部を自治体（法人）に寄付する遺贈は包括遺贈に該当します。遺贈は遺言によって行いますので、財産を渡す人（遺贈者）の一方的な意思で行うことができ、財産を受け取る人（受遺者）の承諾は不要です。

　もっとも、包括遺贈の場合、（包括）受遺者は相続人と同一の権利義務を有するとされていますので（民990）、遺贈者に借金やローンなどのマイナスの財産があった場合、それらも全て受遺者に移転することになります。

　もっとも、（包括）受遺者は、包括遺贈があった（効力が発生した）ことを知った時から３か月以内に家庭裁判所に遺贈の放棄の申述をすることで、遺贈を放棄することが可能です（民990・915・938）。

◆**留意点について**

　このように、包括遺贈の場合、寄付を受ける自治体の側にもリスクがある場合がありますので、寄付を受け付けてもらえない可能性があります。また、財産の一部に、管理や取扱いなどに困るものが含まれている場合も同様です。

　そこで、<u>あなたの財産を、あなたの死後、自治体に有効に活用してもらうためには、寄付したい自治体に事前に遺贈に関し確認しておくことをお勧めします。</u>

　また、財産のうち、特定の財産を指定して寄付する遺贈（特定遺贈）を検討してもよいのではないでしょうか。また、遺言書を作成するに当たっては、公証人が作成に関与し、形式的不備により無効となりにくい、公正証書遺言の作成を検討するのもひとつです。

　なお、地方自治体だけではなく、社会課題の解決に向けた活動を行うNPO団体等に寄付をしたいという方もいらっしゃるでしょう。

　少額から遺贈寄付を受け付けている団体はたくさんあります。

　遺贈寄付は、亡くなった後の寄付であるため老後資金の心配をする必要はありません。人生で使わずに残ったお金を自分の想いの実現のために使うというもので、今後日本でももっと増えてくるのではないでしょうか。

◆**遺留分について**

　遺言による寄付（遺贈）も、その結果として相続人の遺留分を侵害する場合には、遺留分侵害額の請求の対象となる可能性がありますので（民1046①）、相続人の遺留分への配慮を検討しておいた方がよいでしょう。もっとも、ご質問のケースの場合、想定される相続人は妹のみであり、妹には遺留分は保障されていませんので、遺留分への配慮は不要です。

22 おひとりさまが死後、お世話になっている知り合いに遺産を受け取ってもらいたいときにはどうしたらいいの？

Q おひとりさまの私の両親はいずれも健在ですが、私としては、私のことをいつも気にかけてくれている数十年来の友人のＡさんに、私の死後、私の遺産を受け取ってもらいたいと思っています。どのような方法がありますか？

A 遺言による方法（遺贈）と、契約による方法（死因贈与）が考えられます。いずれの方法も、取得させたい財産や割合を指定することができ、あなたの死亡によって効力を生じさせることができます。

◆遺贈について

　遺贈には、相続財産の全部、あるいは何分の1という割合で財産を譲り渡す包括遺贈の方法と、相続財産のうち、特定の財産を指定して譲り渡す特定遺贈の方法があります。包括遺贈については、Q21を参照してください。

　特定遺贈は、遺贈者が特に指定しない限り、受遺者にマイナスの財産を移転させずに済む反面、遺贈者の財産構成の変化の影響を受けやすく、例

えば、遺言書作成後に受遺者が対象財産を処分した場合には、新たに遺言書を作成しないと、受遺者に財産を譲り渡すことができなくなります。特定受遺者は、対象財産を受け取るだけですので、共同相続人との遺産分割協議に参加する必要はありませんし、他の相続人に意思表示をすることにより、原則としていつでも遺贈を放棄することができます（民986）。

◆死因贈与について

　死因贈与とは、「自分が死んだら〇〇の土地をＡに贈与する」などというように、贈与者（財産を譲る人）と受贈者（財産を譲り受ける人）との間で、贈与者の死後に贈与者の財産を譲ることを生前に約束する贈与契約のことです（民554）。死因贈与は契約ですから、贈与者と受遺者の両者の合意が必要です。贈与者の死後、受贈者が自らの意思だけで財産の受取りを放棄することはできません。受贈者に確実に財産を受け取ってもらえる点はメリットです。他方、対象が不動産の場合、遺贈の場合は遺言執行者と受遺者だけで所有権移転登記ができますが、死因贈与の場合、不動産を受け取った受贈者単独では所有権移転登記ができず、原則相続人全員と共同でする必要があります。

　詳細は割愛しますが、遺贈も死因贈与も、財産を譲り受ける者に一定の負担（例えば、私の死後、私のペットの飼育をすることを条件に土地を贈与するなどの負担）を課す、負担付きとすることも可能です。

◆留意点について

　遺贈も死因贈与も、その結果として相続人の遺留分を侵害する場合には、遺留分侵害額の請求の対象となる可能性がありますので（民1046①）、紛争防止の観点からは、法定相続人の遺留分への配慮を検討する必要があります。ご質問のケースでは、あなたのご両親の遺留分（それぞれ６分の１ずつ）を侵害しない範囲内でＡさんに遺贈等することが考えられます。

23 おひとりさまが死後、お世話になっている知り合いに遺産を相続してもらいたいときにはどうしたらいいの？

Q おひとりさまの私には、妹がいますが、昔から仲が悪く疎遠です。私としては、ずっと気にかけてくれている数十年来の友人のＡさんに、私の死後、家族として私の自宅等の遺産を引き継いでもらいたいと考えています。どのような方法がありますか？

 A Ａさんと養子縁組（普通養子縁組）をし、Ａさんをあなたの養子にする方法が考えられます。

◆相続とは

　相続とは、民法の規定に従って行われる被相続人から相続人への財産の移転をいいます。遺言がなく、被相続人が亡くなった場合には、民法の規定に従って相続がされることになりますので、あなたの遺産を相続できるのは、あなたの法定相続人である妹だけとなります（民889①二）。

　遺言書を作成し、遺贈という形で、友人のＡさんに、あなたの遺産の全部又は一部を譲り受けてもらうのではなく、あなたの法定相続人としてあなたの遺産を相続してもらうためには、Ａさんと養子縁組をし、Ａさんをあなたの養子にする方法が考えられます。

◆**養子縁組について**

　養子縁組とは、実の親子関係がない者との間に法律的に親子関係を設定するもので、養子縁組が成立すると成立日から実の親子と同じように親子関係が法的に成立します。養子縁組には、普通養子縁組と特別養子縁組がありますが、ご質問のケースでは、一般的な養子縁組である普通養子縁組の方法を検討することになります。

◆**普通養子縁組の要件・効果について**

　養親となる者は独身でも可能ですが、20歳以上である必要があります（民792）。また、養子となる者は養親より年上でなく尊属でもないことが必要です（民793）。

　ご質問のケースでは、Ａさんがあなたより年上でなければ、Ａさんと普通養子縁組をしてＡさんを養子とすることが可能です。あなたとＡさんとの間で普通養子縁組が成立し、その後、あなたが死亡した場合、法定相続人となるのはあなたの子（養子）であるＡさんのみとなり（民887）、あなたの遺産をすべてＡさんが相続することになります。

　Ａさんがあなたより年上の場合は、普通養子縁組の方法は使えませんので、遺贈や死因贈与（Q20参照）を検討してはいかがでしょうか。

◆**包括承継**

　なお、相続人は、相続開始のときから、被相続人の財産に属した一切の権利義務を承継することになります（民896）ので、被相続人の借金などのマイナスの財産も相続することになります。もっとも相続人は、自身のために相続の開始があったことを知った時から３か月以内に被相続人の最後の住所地を管轄する家庭裁判所に相続の放棄の申述をすることで、相続を放棄することが可能です（民915）。

24　おひとりさまで、ペットに全財産を相続させたい場合には、どうしたらいいの？

Q　おひとりさまの私の家族と呼べるのは、犬のジョンだけです。私の死後、ジョンに全財産を相続させることはできますか？　あるいは、友人にジョンの世話を託す方法はありますか？

A　ペットにあなたの財産を相続させることはできません。あなたの死後にペットの世話を他人に託す方法としては、死後の事務に関する委任契約の締結、負担付死因贈与契約の締結、負担付遺贈、信託制度の活用などが考えられます。

◆ペットの相続権について

　日本では、法律上相続人となれるのは人だけですので、残念ながらペットにあなたの財産を相続させることはできません。信頼できる誰かに、あなたの死後残されたペットの世話を託し、そのために必要な金銭を預託、贈与、遺贈等する方法を検討する必要があります。<u>いずれの方法についても、あなたの死後の事務について金銭を預託、贈与、遺贈等することになるため、真に信頼できる人に託す必要があります。</u>

◆**死後の事務に関する委任契約について**

　あなたとあなたの友人（Ａ）との間で、あなたの死後のジョンの飼育事務をＡに委託する旨の委任契約を締結しておく方法が考えられます。飼育事務の内容をできる限り具体的に定めるとともに、必要な費用を預託し、相応の報酬を支払っておくことなどが考えられます。

◆**負担付死因贈与契約について**

　あなたとＡとの間で、あなたの死後、あなたの財産をＡに贈与する代わりに、Ａがジョンの飼育事務を行う旨の贈与契約を締結しておく方法が考えられます（民554）。

◆**負担付遺贈について**

　あなたが、あなたの死後、あなたの遺産をＡに譲る代わりに、Ａにジョンの飼育事務を行う義務を負担させる旨の遺贈（遺言による贈与）をしておく方法が考えられます（民1002）。契約ではありませんので、遺贈（遺言書の作成）に当たりＡの同意は不要ですが、Ａは遺贈を放棄することが可能ですので、事前にＡの了承を得ておいた方がよいと思います。

◆**信託制度の活用について**

　身近にペットの世話を任せられそうな人がいない場合は、ペット信託という方法もあります。信託とは、委託者が信託行為（信託契約、遺言等）により、その信頼できる人（受託者）に対して財産を譲渡し、受託者は委託者が設定した信託目的に従って受益者のために、その財産の管理・処分をする制度です。

　あくまで一例ですが、あなたを委託者、受託者をペット信託専門業者、ジョンを実質的な受益者として、あなたとペット信託専門業者との間で、自分の死後のジョンの世話をお願いする旨の信託契約を締結しておけば、ジョンはあなたの財産で、その後も安心して生活ができることとなります。

25 おひとりさまが死後の遺体の引取りを頼みたいときはどうしたらいいの？

Q 　妻には10年程前に先立たれ、現在おひとりさまの78歳です。先日体調不良で検査を受けたところ、余命が短いことを告げられました。私には叔父がいますが、何十年も会っていません。自分が死んだ後の遺体の引取りはどうしたらよいでしょうか？

A 　死後事務委任契約を結ぶ方法がありますが、慎重に業者を選定する必要があります。

◆身寄りがない方の遺体引取り

　身寄りがない方の入院については、病院において身元保証人等を立てるように求められることが多いですが、最終的に身元保証人等がいないことのみをもって入院を拒否することは医療法違反とされています（「身元保証人等がいないことのみを理由に医療機関において入院を拒否することについて」平30・4・27医政医発0427第2）。

　また、その後、身寄りがなく死亡した場合には、最終的には自治体において埋葬・火葬が行われることとなっています（墓地9①）（なお、住所、居所若しくは氏名が知れず、かつ、引き取る者がいない死亡人は、行旅病人

及行旅死亡人取扱法1条2項で「行旅死亡人」とみなされて、同法7条で自治体が埋葬・火葬します。）。入院等の費用、埋葬・火葬の費用等は最終的には死亡した方の財産（遺産）から支払われることとなります。

◆**遺体引取りの準備**

　死後に身寄りがないにもかかわらず入院を認めた病院、自治体等に迷惑を掛けず、きちんと自分でできることを準備しておきたいと思われるおひとりさまも多くいらっしゃるのではないでしょうか。

　ご質問のケースであれば、シンプルな方法としては、叔父さんに身元引受人・身元保証人等になってもらい、遺体の引取りをお願いするというものになります。

　相談者が認知症等で成年被後見人になっていたような場合には、成年後見人で成年被後見人の死後も一定の事務ができるようになっていますので、そちらに任せるという方法も考えられます（民873の2）。ただし、この死後事務を行うことができるのは成年後見人だけであり、保佐人や補助人・任意後見人は含まれません。

　他方、成年後見人がついているような状況でなければ、死後事務委任契約を第三者と締結する等も考えられるところです。死後事務委任契約は、委任契約を委任者の死後まで継続させて委任者の死後の各種事務を受任者に行ってもらうという契約です。このような業務を提供している第三者（会社）もありますが、その内容や質は様々なものがあると思われるので、慎重に吟味していく必要があります。

26 おひとりさまが死後の遺品の整理を頼みたいと きはどうしたらいいの？

Q おひとりさまの私は今年で85歳になります。兄と姉は既に他界していますが、それぞれ1人ずつ娘がいます。私には不動産など高額の資産はないのですが、思い入れのある指輪や着物などの整理を兄の子の方に頼みたいと思っていますがどうしたらよいでしょうか？

A 相続人間の争いなどが生じることを避けるため遺言書を作成しておくのが安全であり、その中で遺言執行者を選任しておくと遺言の執行が円滑になります。

◆遺品の取扱い

　人が亡くなった場合には、その方が所有していた動産（指輪や着物など）、不動産、債権、預貯金、株式、ゴルフ会員権は全て相続財産（遺産）となります。また住宅ローンなどの借入れやカードローン、自動車ローンなどの債務も相続財産として相続人に承継されます。

　相続財産は、相続人が複数いる場合には、原則として相続人の間で協議をして、全員の合意により具体的な分割がされる必要があります（「遺産分割協議」と呼ばれます。）。この遺産分割協議の成立前は、相続財産は、法定相続分に従って相続人間の共有状態となっていますので、相続人の誰か

が、勝手に不動産を占拠したり、動産を処分すること等は認められません。

　ご質問のケースでは、お兄さんの子とお姉さんの子（姪）がそれぞれ、お兄さんとお姉さんに代襲してあなたの遺産の法定相続人となりますので、あなたが亡くなった後の遺品（相続財産）については、遺産分割協議が成立するまでは、２人の姪が、それぞれ２分の１ずつの割合で、共有している状態となります。

◆遺言と死後事務委任契約

　遺品整理を法定相続人の一人であるお兄さんの子にお願いする方法としては、あなたとお兄さんの子で、あなたの死後に発生する病院等への支払、遺体の引取り、死亡届、火葬その他の事務を依頼する死後事務委任契約を締結することが考えられます。民法の規定する委任の終了原因との関係で議論はあるものの、このような契約はあなたの死後も終了せず有効に存続し得ると考えられています。

　しかし、死後事務委任契約は厳格に要式が要求されている遺言と異なり、その形式も様々なものがあり、法定相続分と異なる割合での遺品整理となる場合に限らず、他の相続人との見解の違い等により紛争に発展してしまう可能性は残ります。

　そのため、相続人間で、相続に関する争いに発展することを防止するためには、遺産分割の方法についてはきちんと遺言（特に公正証書遺言）を残しておく方が安全です。遺言の中で、遺言の内容に従い、故人の意思を実現する（財産の分配を行う）者として遺言執行者の指定が可能ですので、あなたの希望されるお兄さんの子を遺言執行者として指定しておいてはいかがでしょうか。

27 おひとりさまが死後に、知り合いに死んだこと を伝えるためにはどうしたらいいの？

Q 　現在1人で生活をしています。近所のサークルや学生時代の仲間などとの交友関係は続いています。私が死んだ後には、私の死亡をきちんとその方々に伝えたいと考えています。ただ、夫は既に亡くなっており、子もいませんので、どのようにして知り合いに死亡を知らせたらよいのでしょうか？

A 　友人への死亡の連絡・通知のみが目的である場合、通知に加えて他の事務も委任する必要がある場合、遺言及び遺言執行者の選任が必要・適切な場合など、事務の内容を整理して適切な方法を選択する必要があります。

◆死後事務委任契約

　自分が亡くなった後には、病院への支払、死亡届、火葬許可取得、火葬、葬儀、公共料金の支払等、様々な事務手続が必要になります。同居の親族がいる場合は、自分が心配しなくても、これらの手続は残された親族が行ってくれることでしょう。

　しかし、おひとりさまは、死後の事務を処理する方が当然には存在しないという問題があります。そこで、これらの事務処理を行うために、依頼者が第三者と死後事務委任契約を締結して、依頼者の死後にあらかじめ契

約で決めた事務を行ってもらうということが考えられます。委任内容としては、①医療費の支払に関する事務、②家賃・地代・管理費等の支払と敷金・保証金等の清算に関する事務、③老人ホーム等の施設利用料の支払と入居一時金等の受領に関する事務、④通夜、告別式、火葬、納骨、埋葬に関する事務、⑤永代供養に関する事務、⑥相続財産清算人の選任申立手続に関する事務、⑦賃借建物明渡しに関する事務、⑧行政官庁等への諸届け事務、⑨あらかじめ指定した知人への死亡報告の事務、⑩ペットの施設入所に関する事務等が考えられます。友人にこれらの事務を頼む際には、死後事務委任契約書を作成し、公正証書にしておくとより安心ではないでしょうか。

◆死後事務委任契約の注意点

　死後事務委任契約が、委任者の死後も終了しない点については、判例で認められているものの、相続人間の財産の帰属を決定したり、その内容を実現・執行するような事務の場合には、遺言執行者を別途選任したほうがよいと思います。

　遺言の対象になるような事項を死後事務委任契約で規定しても、遺言の一種として法律上要求される要式を欠いているとして無効とされる部分が出てくる可能性や、相続人と死後事務委任契約の受任者との間で事務の内容や方法をめぐり紛争等になることも考えられます。

　死後事務委任契約を締結する際は、委任する事務の内容や受任者を誰にするのかについて、慎重に考える必要があります。

28 おひとりさまが死後に、SNSの投稿などを削除するにはどうしたらいいの？

Q 　私は、FacebookやInstagramなどを利用しています。私が死亡した後もこれらのアカウントをそのままにしておくと、まだ私が元気に活動していると勘違いして連絡をとってこられる方もいるのではと心配になります。私が死んだらSNSの投稿は削除してもらえるようにしておきたいのですが、どうしたらよいでしょう？

A 　FacebookやInstagramなどのルールや規約などを確認の上、各ルールや規約の案内や内容に従って、死後のアカウント削除が可能となるように親族などともよく話し合っておくとよいです。

◆各種SNSのルールや規約の確認

　各種SNSでは、ルールや規約を設け、登録者が亡くなった場合に、アカウントを削除する方法を案内しています。登録者の方は自分の死後に行うべき手続を確認の上、親族等に削除作業を委託しておきましょう。

　例えば、Facebookでは本書執筆時点では、「設定とプライバシー」→「設定」→「一般プロフィール設定」→「追悼アカウントの設定」で、あなたが亡くなった後に、あなたのプロフィールの管理を任せる人を追悼アカウント管理人として選任することができます。また追悼アカウント管理人に

選任したことを相手方にメッセージであらかじめ伝えておくことができます。追悼アカウントとは、利用者が亡くなった後に友人等が集い、思い出をシェアするための場所として、亡くなった方のアカウントページを利用するもので、その管理を追悼管理人が行うというものです。

　とにかく自分が亡くなったらFacebookアカウントは削除してほしいという場合は、その手続を行う旨を親族や友人にあらかじめ依頼しておく必要があります。手続としては、あなたが亡くなった後、あなたから委任を受けた申請者が「委任状、遺書、遺産に関する書簡」等で、あなたからアカウント削除の委任を受けていることを示し、次にあなたの死亡診断書、死亡記事、葬式のしおりなど、あなたが死亡したことを証明する書類を送ることで、あなたのアカウントが削除されるということです。ただし、必要書類や手続は、適宜変更になる可能性がありますので、正確には、その時点の各SNSのルール及び規約を確認した上で、リクエストを行ってください。

29 おひとりさまの死後、お墓の管理はどうしたら いいの?

Q 　父が亡くなった際、末っ子の父は実家の墓には入らず、母と私で、自宅のそばにお墓を購入しました。母も先日亡くなったので葬儀を済ませ、父の墓に入りました。私が生きているうちは、家族の墓を管理していくとして、おひとりさまの私が亡くなったらこの墓はどうなるのでしょうか?

A 　現在のお墓については、墓じまいを行い永代供養墓等の納骨に切り替え、自らの死亡の場合に備えて別途永代供養墓など個別のお墓管理が不要な内容で墓地管理者と契約をしておくことが考えられます。

◆墓じまい

　墓地使用権、永代使用料等の名称はともかく、お墓は墓地の区画の使用についての契約を中核としていることが一般的です。墓地使用料、施設管理費その他の費用が定期的にかかっていることが多いため、お墓を管理する方がいなくなると、墓地の管理者側の経営上の問題等も発生するため、通常は使用料等の不払いが続くと墓地使用契約の解除等が予定されています(「墓地経営・管理の指針等について　別添2墓地使用に関する標準契約約款」平12・12・6生衛発1764、「墓地の使用契約のガイドライン作成について」公益社団法人全日本墓園協会)。

このような違反状態の発生に基づく契約の終了等を避けるために、最近は、役所から改葬（お墓に納めている遺骨を別の場所に移動させること）許可を取得し、遺骨を他の墳墓や納骨堂に移して墓地を返還する、いわゆる墓じまいを検討する方が増えています（墓地2③・5）。改葬許可（同許可証の発行）には、墓地管理者からの埋葬証明書が必要となるため、現在の墓地管理者とも相談の上進めることになります。

◆永代供養墓など

　ご質問のケースでは、既に亡くなっているご両親の遺骨については、永代供養墓など墓地管理者により引き続き管理が行われる墓地に改葬することが考えられます。また、自分自身の遺骨の入る墓についても、同様に墓地管理者により引き続き管理が行われる永代供養墓に入る旨の契約を締結しておくことが考えられます。

◆散　骨

　散骨については厚生労働省から「散骨に関するガイドライン（散骨事業者向け）」なども公表されていますが、墓地、埋葬等に関する法律などの関連法令に従う必要があることが規定されており、散骨の方法も様々であることから、墓じまいの際の改葬許可の取得時に（申請段階で添付する受入証明書などの評価を含め）、合法的な改葬の範囲であるか各自治体とも相談の上で進める必要があります。

30 おふたりさまが遺言書を書いておかないとどんな問題があるの？

Q
　私は、現在再婚した妻と二人暮らしで、子供はいません。もっとも、前妻との間に男の子（A）が1人います。私の両親はいずれも健在です。この状況で、もし私が遺言書を作成せずに死んだ場合、どのような問題がありますか？

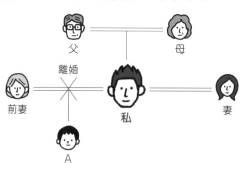

父　　母

離婚

前妻　　　私　　　妻

A

　あなたの現在の妻とAとで、遺産分割協議（協議が調わなければ調停手続）をする必要があります。

◆法定相続人・法定相続分について

　ご質問のケースで、仮にあなたが遺言書を作成することなく、お亡くなりになった場合の法定相続人は、あなたの妻と（民890）、Aとなり（民887①）、その相続割合は、あなたの妻が2分の1、Aが2分の1となります（民900一）。

　あなたが前妻と離婚したことにより、前妻はあなたの配偶者ではなくなり、あなたの法定相続人ではなくなりますが、Aがあなたの子であることに変わりはなく、Aはあなたの第1順位の法定相続人となります。

◆遺産分割協議について

　あなたの妻とAの法定相続分は2分の1ずつとなりますが、あなたの不

動産や預貯金（預貯金払戻請求権）や有価証券等を両者間で具体的に分割するに当たっては、両者間で遺産分割協議を行う必要があります。あなたの妻が、Ａの存在自体やＡの住所・連絡先等を知らない場合、あなたが亡くなった事実をＡに伝えたり、遺産分割協議の申入れをしたりする際に調査等が必要になるなど、スムーズにいかない可能性があります。

　また、例えば、遺言書の財産目録のように、あなたの財産の内容が整理されたリスト等がない場合、遺産分割や相続税の申告の前提として、あなたの妻やＡが遺産分割の対象となる財産を一から調査等する必要があります。

　さらに、あなたの妻とＡとの当事者間の話合いでは遺産分割協議が成立しない場合には、相手方の住所地を管轄する家庭裁判所あるいは当事者が合意で定めた家庭裁判所に遺産分割調停を申し立てる必要があります。当該調停でも解決できない場合、家庭裁判所は引き続き事件を審判手続に移行し、裁判所が遺産分割方法を指定することになります。

◆遺言の活用について

　上記のような問題をできる限り生じさせないようにするためには、あなたの財産を具体的に網羅した財産目録が添付され、かつ、法定相続人のうち誰にどの財産を相続させるかを具体的に指定する内容の遺言書を作成しておくことをお勧めします。

31 おふたりさまがお互いに財産を全部相続させたいときはどうすればいいの？

Q おふたりさまの私たち夫婦には、それぞれ弟が１人ずついます。両親はいずれも他界しています。このような状況で、私も妻も、自分が先に死んだら、相手に全財産を相続させたいと考えています。どうしたらよいですか？

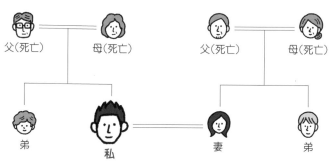

それぞれ、相手に全財産を相続させる旨の遺言書を作成しておくことが考えられます。

◆法定相続人・法定相続分について

ご質問のケースで、仮に遺言書を作成することなく、最初にあなたがお亡くなりになった場合の法定相続人は、あなたの妻と（民890）、あなたの弟となり（民889①二）、その相続割合は、あなたの妻が４分の３、あなたの弟が４分の１となります（民900三）。

一方、遺言書を作成することなく、最初にあなたの妻がお亡くなりになった場合の法定相続人は、あなたと、あなたの妻の弟となり（民889①二）、その相続割合は、あなたが４分の３、あなたの妻の弟が４分の１となります（民900三）。

◆遺言の活用について

　あなたやあなたの妻が、相手に自分の全財産を相続させるための方法としては、その旨を記載した遺言書を作成しておくことが考えられます。

◆遺留分について

　兄弟姉妹を除く法定相続人には、遺留分、すなわち、被相続人（亡くなった方）の財産から法律上最低限の取り分が保障されています（民1042①）。遺留分の割合は、直系尊属のみが相続人である場合（この場合は法定相続分の3分の1）を除き、法定相続分の2分の1とされています。

　もっとも、ご質問のケースの場合、想定される法定相続人は、それぞれの配偶者と、弟のみであるところ、兄弟姉妹には遺留分は保障されていません。あなたやあなたの妻は、それぞれの弟の遺留分に配慮することなく、相手に全財産を相続させる旨の遺言書を作成しておくことで、相手に全財産を相続させることが可能です。

32　持ち家がおふたりさまの共有になっているとき に、一方の死後、他方の単独所有にするにはどう したらいいの？

Q
　　　おふたりさまの私たちは、妻と私の共有名義（持分は２分の１ずつ）のマンションに住んでいます。２人の両親も健在です。妻も私も自分が先に死んだら相手にこのマンションを相続させ、相手の単独所有にしたいのですが、どうしたらよいですか？

A
　　　各々が、マンションの自身の持分（２分の１）を配偶者に相続させることを内容とする遺言書を作成しておいてはいかがでしょうか。

◆法定相続人・法定相続分について

　ご質問のケースで、遺言書を作成することなく、最初にあなたがお亡くなりになった場合の法定相続人は、あなたの妻と（民890）、あなたの両親となり（民889①一）、その相続割合は、あなたの妻が３分の２、あなたの両親が６分の１ずつとなります（民900二）。最初にあなたの妻がお亡くなりになった場合の法定相続人は、あなたと、あなたの妻の両親となり（民889①一）、その相続割合は、あなたが３分の２、あなたの妻の両親が６分の１ずつとなります（民900二）。いずれにしても、法定相続人間で遺産を具体的に

分割するに当たっては、法定相続人間で遺産分割協議などを行う必要があり、あなたやあなたの妻が、マンションの被相続人の2分の1の持分を相続し、単独所有にできる保障はありません。

◆遺言の活用

そこでお二人が、当該マンションの自身の持分を相手に相続させるためには、遺言を活用することが考えられます。遺言であれば、民法所定の法定相続人や法定相続分とは異なる内容で、法定相続人のうち誰にどの遺産を相続させるかを、あなた自身が自由に決定し、遺言書を作成することが可能です。

マンションの自身の持分を配偶者に相続させたいということであれば、配偶者には、マンションの持分を、両親にはそれ以外の預貯金等を相続させる旨の遺言書を作成しておくことができます。

◆遺留分に注意

注意すべき点は遺留分です。それぞれの両親には、法定相続分（6分の1）の2分の1の12分の1ずつが遺留分として保障されています（民1042①）。特定の相続人の遺留分を侵害する遺言も一応有効ですが、あなたやあなたの妻が、相手の両親から遺留分侵害額の請求（民1046①）をされることのないよう、それぞれの両親に少なくとも12分の1ずつに相当する遺産は相続させることを前提に、遺言書は作成した方が、残されるご家族のためにはよいと思います。

33 おふたりさまの夫の死後、妻が自宅に住み続けたまま、権利は甥に承継したいときはどうしたらいいの？

Q おふたりさまの私たちは、現在、私名義の自宅に居住しています。私の弟は既に他界していますが、息子が1人います。私の死後は、妻が自宅に居住し続けられるようにしたまま、自宅の所有権をこの甥に相続させたいのですが、どのような方法がありますか？

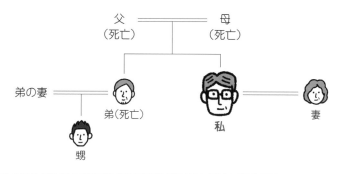

A あなたの妻に、亡くなるまで、又は一定の期間、自宅を使用・収益する権利を無償で認めることを内容とする配偶者居住権を遺贈により取得させる方法が考えられます。

◆配偶者居住権とは

配偶者居住権とは、配偶者が相続開始時に居住していた被相続人の所有建物を対象として、終身又は一定期間、配偶者にその使用・収益を無償で認めることを内容とする法定の権利をいいます。令和2年4月1日以降に発生した相続から新たに認められた権利です。

◆配偶者居住権の制度趣旨

これまでは、配偶者以外の相続人が、被相続人と配偶者の居住建物を相

続すると、当該相続人が配偶者に対して立ち退きを求める可能性があった
り、配偶者が、当該居住建物を相続したとしても、他の相続人に代償金を
支払うために、結局は自宅を現金化せざるを得ないという状況が生じるこ
とがありました。そこで、建物の価値を所有権と居住権に分け、配偶者は
居住権を、他の相続人が居住権付きの建物の所有権を取得することで、配
偶者の生活の保護を図れるようにしました。

◆配偶者居住権が認められるための要件

　配偶者居住権が認められるためには、①配偶者が被相続人の法律上の配
偶者であること、②配偶者が被相続人の遺産である建物に相続開始時に居
住していたこと、③配偶者が遺産分割、遺贈、死因贈与、家庭裁判所の審
判のいずれかによって配偶者居住権を取得したことの全ての要件を満たす
必要があります（民1028・1029）。

　ご質問のケースであれば、妻に自宅の配偶者居住権を、甥に自宅の所有
権を取得させる旨の遺言書を作成することにより、妻は自宅に居住したま
ま、自宅の所有権を甥に相続させることが可能です（配偶者居住権を遺贈
する場合、令和２年４月１日以降に作成された遺言書による必要がありま
す。）。

　なお、配偶者居住権を第三者に対抗するためには登記が必要です（民1031
②）。また、婚姻期間が20年以上の夫婦間において配偶者居住権が遺贈さ
れた場合、被相続人による持戻し免除の意思表示があったものと推定され
ます（民1028③）。

◆配偶者居住権の財産的価値

　配偶者居住権の財産的価値は、詳細は割愛しますが、建物敷地の現在価
値から負担付所有権の価値を差し引いた額とされています。

34 おふたりさまの相続で、妻が前夫との間に子供がいるときに気を付けておくべきことは？

Q おふたりさま夫婦の私たちですが、妻には離婚歴があり、前夫との間に男の子（A）がいます。私も妻も両親は健在です。このような状況で、将来の相続に関し、気を付けておくべきことはありますか？

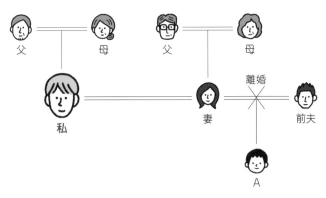

 あなたの妻の法定相続人が、あなたとAであることに留意しておく必要があります。

◆法定相続人・法定相続分について

ご質問のケースで、仮に遺言書を作成することなく、あなたの妻が亡くなった場合の法定相続人は、あなたと（民890）、A（民887①）で、その相続割合は、2分の1ずつとなります（民900一）。

あなたの妻の前夫は離婚により、あなたの妻の法定相続人ではなくなりますが、Aがあなたの妻の子であることに変わりはなく、Aはあなたの妻の第1順位の法定相続人となります。

◆遺産分割協議について

あなたとAの法定相続分は2分の1ずつとなり、あなたの妻の相続財産

を分割するに当たっては、両者間で遺産分割協議を行う必要があります。あなたとＡが顔見知りの関係であればよいですが、そうでない場合は、あなたがＡの連絡先や住所を探し出し、Ａに対し、あなたの妻が亡くなった事実を伝えたり、遺産分割協議の申入れをする必要が出てくるかもしれません。

　あなたとＡの話合いで遺産分割協議が成立しない場合には、相手方の住所地を管轄する家庭裁判所あるいは当事者が合意で定めた家庭裁判所に遺産分割調停を申し立てる必要があります。調停でも解決できなければ審判手続に移行し、裁判所が遺産分割方法を指定することになります。

◆あなたが先に亡くなった場合

　Ａはあなたの子ではありませんので、あなたの財産についての直接の相続権はありません。しかし、仮に遺言書を作成することなく、あなたがあなたの妻より先に亡くなった場合の法定相続人は、あなたの妻と（民890）、あなたの両親となり（民889①一）、その相続割合は、あなたの妻が３分の２、あなたの両親が６分の１ずつとなります（民900二）。その後、あなたの妻が亡くなった場合、あなたの妻の固有の財産のみならず、あなたの妻が相続したあなたの財産についても、Ａが全て相続することになりますので、その点についても留意する必要があります。

◆遺言の活用について

　以上のような問題をできる限り生じさせないようにするため、あるいは、円滑に解決できるようにするためには、あなたの妻に、例えば、法定相続人のうち誰にどの財産を相続させるかを具体的に指定する内容の遺言書を作成してもらったり、あなたの方でも、例えば、あなたの両親に６分の１ずつより多い割合の財産を相続させるような内容の遺言書を作成することなどを検討することが考えられます。

35 おふたりさまで、夫の死後、前妻の子の連絡先が分からないときはどうすればいいの？

Q 　夫が亡くなりました。夫と私の間には子はいません。夫と私との結婚は再婚で、夫は前妻との間に子（A）が1人います。前妻は既に亡くなっており、Aももう成人して現在はどこにいるのか分かりません。夫と私が居住していたマンションは夫の所有名義となっていますが、私は生活の資金を捻出するためマンションを売りたいと思っています。Aと相続について相談するため連絡をとりたいのですがどうすればよいでしょうか？

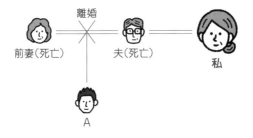

　戸籍の附票を追って現在の住民票の住所地を確認するという方法もありますが、前妻又は子のその他の身内に連絡をとる方が早道です。　

◆戸籍の附票を追いましょう

　相続人の調査のために除籍謄本・戸籍謄本を取り寄せる際に、相続人である子の戸籍の附票の写しも取り寄せましょう。戸籍の附票とは、戸籍の編製と同時に作成される住所等の変遷を記録するための書類です（住基台帳16）。人が住所を変更し転出届・転入届を出すと、提出を受けた自治体が本籍地となっている自治体に情報を送付し、附票に住所変更の記録がなされる仕組みになっています。そのため、戸籍の附票の写しを入手し住所を

追っていくことで現在までの住所の変遷が分かります。

　ただし、住所変更をするたびに自治体に転出届・転入届を出していなければ戸籍の附票に変更が反映されません。

◆**住民票の住所地にいない場合**

　最新の住所地にＡがいない場合も過去の住所地が実際の生活の本拠となっている場合もありえますので、過去の住所をさかのぼることでＡの今の居所が判明する可能性はあります。

　居所と住民票の住所や戸籍の附票の住所が異なっており、住民票の住所から姿を消している場合には、住民票の住所の家主に確認をとるとか、郵便物の転送先などの調査が必要になってきます。

　以上のように公的な情報を基にしてもＡと直接連絡をとり得る確かな方法はないため、Ａに連絡をとるには、前妻又はＡのその他の身内で心当たりがある人がいれば、そちらに連絡をとってみるのが早道であると思います。

36 養子縁組の方法にはどのようなものがあるの？

Q おふたりさまの私たちは、養子を取ることを検討したいと思っていますが、養子縁組の方法にはどのようなものがありますか？

養子縁組には、普通養子縁組と、特別養子縁組があります。 **A**

◆養子縁組とは

　養子縁組とは、実の親子関係がない者の間に法律的に親子関係を設定することです。養子縁組が成立すると、成立日から実の親子と同じように親子関係が法的に成立します。

　養子縁組の方法には、普通養子縁組の方法と特別養子縁組の方法があります。普通養子縁組とは実の親との親子関係を継続したまま新たな親子関係を生じさせる養子縁組です。養親との間で法律上の親子関係が成立しますが、実親との親子関係が解消されるわけではありませんので、普通養子縁組で養子になった人は2組の親を持ち、両組の法定相続人となります。

　これに対し、特別養子縁組は、児童福祉のための養子縁組の制度で、実の親との親子関係を断ち切って養親と新たな親子関係を生じさせる養子縁組です。特別養子縁組で養子になった人は養親の財産を相続することはできますが、実親の財産を相続することはできなくなります（民817の9）。

◆普通養子縁組の要件・手続について

　養親となる者は、独身でも可能ですが、20歳以上である必要があります（民792）。また養子となる者は、養親より年上でなく尊属でもないことが要件です（民793）。養子となる者が15歳以上であれば、養子本人の意思で養子となることが可能ですが、15歳未満の場合には、養子の親権者の承諾が必要となりますし、養子が未成年や成年被後見人の場合は、家庭裁判所の許可が必要です（ただし、養子が養親あるいはその配偶者の直系卑属（例えば、子や孫）の場合には当該許可は不要です。）。また、養親に配偶者がいる場合で、未成年者を養子にする場合は、夫婦共同で縁組を行う必要があります。養親又は養子に配偶者がいる場合、その配偶者の同意が必要です。

　普通養子縁組は、養親と養子の両者の合意に基づいて養親若しくは養子の本籍地若しくは住所地の市区町村役場に養子縁組届出書等を提出することにより成立します（養子が未成年の場合は、事前に家庭裁判所の許可を得ていることが必要です。）。

◆特別養子縁組の要件・手続について

　独身者は養親となれず、養親となる者は夫婦共同で養親となる必要があります。養親となる者は、原則として25歳以上（夫婦の一方が25歳以上であれば、他方は20歳以上でも可能です。）、養子となる者は、原則として15歳未満でなければならず、虐待等があった場合を除き、実親の同意が必要です。また、子の利益のために特に養子縁組が必要であることや、縁組成立前に養親となる者が養子となる者を6か月以上監護していることも要件となります（民817の4～817の8）。

　特別養子縁組は、養親となる者が、養親となる者の住所地を管轄する家庭裁判所に特別養子縁組成立の申立てを行い、当該裁判所の決定により成立します。

37 養子縁組後、養子縁組を解消することはできるの？

> **Q** 私は、最近、元妻と離婚しましたが、元妻との結婚の際、元妻の連れ子と養子縁組（普通養子縁組）をしました。私には実子はいません。元妻の連れ子との養子縁組を解消することはできますか？

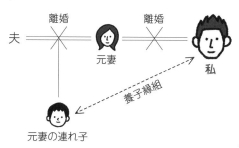

> **A** 養子縁組は、離縁によって解消することができます。離縁をするには、あなたと元妻の連れ子（あるいは元妻）が話し合って同意するか、裁判で離縁の請求が認められる等が必要となります。

◆離縁について

ご質問のケースで、あなたと元妻との間で離婚が成立すれば、あなたと元妻の連れ子との間の養子縁組も同様に解消されるということにはなりません。そのままですと、あなたと元妻の連れ子との間の法律上の親子関係は継続しますので、あなたは連れ子の扶養義務を負ったり（連れ子が未成年であれば、収入状況に応じて養育費の支払義務を負う場合があります。）、あなたの死後、あなたの遺産は連れ子に相続されることになります。

あなたが連れ子との養子縁組を解消するためには、離縁をする必要があります。離縁の主な方法は以下のとおりです。

◆**協議離縁**について

　協議離縁は、養親と養子（養子が15歳未満の場合は離縁後にその法定代理人となる人）が話し合って離縁に同意し、協議離縁届を市区町村役場に提出して離縁する方法です。相手方が同意しない場合や、そもそも相手方と話合いができないような場合には、この方法を利用することはできません。

◆**離縁調停**について

　協議離縁による離縁ができないような場合に、家庭裁判所に離縁調停を申し立てる方法です。家庭裁判所の調停委員が間に入って離縁のための話合いを進めますが、最終的に相手方が同意しない場合には、離縁をすることはできません。離縁調停が成立した場合には、調停成立後10日以内に調停調書の謄本と離縁届を市区町村役場に提出する必要があります。

◆**離縁裁判**について

　離縁調停が不成立の場合に、家庭裁判所に離縁裁判（離縁請求の訴え）を提起する方法です。裁判で離縁が認められるためには、少なくとも、①相手方から悪意で遺棄された、②相手方の生死が３年以上明らかでない、③その他縁組を継続しがたい重大な事由がある、のいずれかの要件を満たす必要があります（民814）。ご質問のケースのように、結婚を理由に連れ子と養子縁組したが離婚したといった場合には、一般的には上記③に該当するとして、離縁が認められる可能性が高いと思われます。裁判によって離縁が認められた場合には、当該裁判の確定から10日以内に当該判決書の謄本と確定証明書と離縁届を市区町村役場に提出する必要があります。

38 相続発生直後の手続とスケジュールは？

Q 先日夫が亡くなりました。夫は不動産賃貸で生計を立てており、自宅の土地建物のほかにアパートを2棟残して亡くなりました。交友関係も広く、会社時代の友人が事業を起こす際の保証人にもなっていたようです。相続につきどのような手順で進めていったらよいのか不安です。手続やスケジュールを教えてください。

A 被相続人に負債がある場合、それも相続財産になりますので、相続放棄を希望するのであれば、自分のために相続の開始があったことを知った時から3か月以内に家庭裁判所に申述する必要があります。また、相続税の申告書の提出期限は、相続の開始があったことを知った日の翌日から10か月以内ですので注意しましょう。

◆相続発生直後の手続について

　親族が亡くなった際に、すぐに行うべき手続としては、死亡診断書の取得や火葬許可証の取得、葬儀等があります。

　次に、遺産の承継（相続）を考えるに当たっては、相続人が誰か、相続財産は何かを確定する必要があります。

　まずは、亡くなられた方の出生から死亡までの戸籍謄本（除籍謄本）を

取り寄せ、相続人の範囲を確認しましょう。次に、相続財産ですが、遺言があればそれに従って分割されますので、遺言の有無、その内容について確認をしましょう。遺言は公証役場に預けられている可能性もありますので、公証役場への確認もお勧めします。また、負債も相続財産となり、遺言に何ら記載がなければ、金銭債務は原則として法定相続分に応じて分割され、相続人が法定相続分に応じて履行義務を負うことになりますので、被相続人が負債を抱えていた場合には、相続を放棄するという選択もあり得ます。ただし、相続放棄の申述の期限は、自己のために相続開始があったことを知った時から３か月以内ですので気を付けましょう（民915本文）。相続財産の調査が３か月では足りないというときには熟慮期間の伸長の申立てを家庭裁判所に対して行い、伸長を認めてもらうことができます。

◆相続税の申告期限、準確定申告の期限等

　相続税は全ての相続で発生するわけではありませんが、基礎控除を超える額の遺産がある場合には、相続税の申告が必要となります。期限は相続の開始を知った日の翌日から10か月以内です（相税27）。

　なお、不動産所得又は事業所得がある場合や2,000万円以上の所得があった場合、更に複数の支払先から給与所得を得ていた場合などには一般に確定申告の必要がありますが、亡くなった方についても本来確定申告の必要があったという場合には、相続人や包括遺贈を受けた受遺者は準確定申告と呼ばれる申告を行う必要があります。この申告期限は相続の開始を知った日の翌日から４か月以内です。

　さらに、金融機関への届出、公共料金の名義変更、社会保険その他への届出・通知等はそれぞれの制度に応じて行うことになります。

39　おひとりさまが遺言を残したか分からないときはどうすればいいの？

Q　父は会社を営んでおり、私と姉の２人の子がいます。母は既に他界しています。姉が結婚して専業主婦になる前は、会社は姉に譲るという話をしていたようですが、最近は私が経営を手伝っていたこともあり私に経営を譲る、遺言できちんとしておくという話をしていました。父はその話の半年後に突然倒れ亡くなってしまいました。父が本当に遺言を残したのかどうかか分かりません。どうしたらよいでしょうか？

A　公証役場での公正証書遺言の検索システムの利用、法務省の自筆証書遺言書保管制度での確認ができます。当該制度の利用がなければ自筆証書遺言がないか、金庫や貸金庫その他の場所を探索してみましょう。

◆**遺言調査の方法（自筆証書遺言と公正証書遺言）**

　船で遭難した等の場合は別として、普通に生活している中で利用される遺言の方式は、遺言をする人が自分で自筆で作成する自筆証書遺言（民968）と公証役場の公証人に作成してもらう公正証書遺言（民969）や秘密証書遺言（民970）があります。

遺言があるにもかかわらず、ないと誤解して相続人間で遺産分割協議書が作成された場合には、その遺産分割協議は無効となります。そのため、相続が開始したときに遺言があるかないかを確認しておくことは重要です。

　自筆証書遺言の作成後、遺言者が法務局に保管してもらう制度（自筆証書遺言書保管制度）があります。この制度を利用しているかどうかは、相続人等の利害関係人が遺言書保管事実証明書の交付を請求することで判明します。なお、相続人の中で誰か１人でもこの遺言書保管事実証明書の交付を受けたり、遺言書の閲覧をした場合には、その他の全ての相続人に対しても遺言書が保管されている旨の通知がなされます（関係遺言書保管通知）（遺言保管９⑤）。

　公正証書遺言を作成している場合には、自宅等に正本・謄本を保管している場合はありますが、制度的に確認するには、公証役場の遺言検索システムで調査ができます。遺言者の生前には遺言者とその委任を受けた者以外は検索システムを利用して遺言の有無や内容を確認することはできません。しかし、遺言者が亡くなった場合には、公証役場の遺言検索システムを利用して遺言の有無等を確認したり、遺言の謄本交付を請求できます。ただし、秘密証書遺言の場合には公証役場にてその存在は公証されているものの、中身を確認するためには、家庭裁判所の検認を受ける必要があります。

◆複数遺言がある場合の注意

　遺言の信頼度という点は別にして、遺言の効果としては公正証書遺言と自筆証書遺言で優劣はありません。遺言者の中には、一旦遺言を作成した後、家族との関係が変化したり、年齢を重ねることで考え方が変わり、以前作成したのと異なる内容の遺言を、新たに作成される方がいます。複数の遺言書がある場合に、これが矛盾する内容をもっていれば、新しい遺言書が優先されますが、撤回の意思があった等で争いになる余地がありますので注意が必要です。

40 おひとりさまが作成した自筆証書遺言の内容が おかしいが、遺言を撤回することは可能？

Q 　一人暮らしの高齢の父親の自筆証書遺言が実家にありましたが、これまで生前父が私に説明していた内容と異なるもので、内容がおかしいです。別居している弟が父親の不安感に乗じて遺言書を作成させたのではないかと思っています。どうすればよいでしょうか？

A 　本人の意思内容を反映したものか確認する必要がありますが、遺言が新たに作成されていれば、それ以前に作成された遺言は取り消されます。物理的に自筆証書遺言を破棄してもらうことも考えられますが、遺言者の意思内容に疑義が生じないよう公正証書遺言で新たな遺言書を作成してもらってはいかがでしょうか。

◆遺言の取消し（撤回）

　遺言者は、いつでも遺言の方式に従い遺言の全部又は一部の取消しをすることができます（民1022）。この取消しができる者は遺言者に限られ、他人による代理を許さず、また他人による同意は不要とされています。また、取消しに関して○年以内といった期間の制限もありません。ただし、遺言

の取消しは、遺言の方式による明白な意思表示によって行わなければなりません。自筆証書遺言については、遺言者が自ら物理的に破棄することで、遺言書が存在しなくなることから、事実上遺言を取り消したのと同様の効果を得ることができます。相続人が遺言書を破棄してしまうと相続欠格事由となり（民891五）、相続人となることができなくなってしまうので注意してください。

　民法は上記の遺言の方式による取消し以外に、前の遺言が後の遺言と抵触するときは、その抵触する部分については後の遺言で前の遺言を撤回したものとみなしています（民1023①）。

◆ご質問のケースでの対応

　自筆証書遺言が遺言者である父親の意思を反映したものでないということであれば、新たに公正証書遺言を作成し、先行する自筆証書遺言を明示的に取り消す（撤回）ことが考えられます。

　公正証書遺言は、遺言者本人が、公証人という法律の専門家と証人２名の面前で、遺言の内容を口頭で告げ、公証人が、その内容が遺言者の真意であることを確認した上で、文章にまとめたものを遺言者及び証人に読み聞かせ、又は閲覧させて内容に間違いがないことを確認してもらって、遺言公正証書として作成するものです（民969）。そのため遺言が無効になるおそれが少なく、公正証書遺言をもって先行する自筆証書遺言を取り消し、公正証書遺言をもって新たに遺言を行うのが、後に遺言者である父親の真意を反映したものであるかについて相続人間で疑義を生じさせず、確実であるといえます。

　父親が足が悪くて公証役場まで行けない等という場合は公証人が、遺言作成希望者（父親）のところまで出張してくれるケースもありますので、まずはお近くの公証役場に確認してみてはいかがでしょうか。

41　遺言の内容には従わなければならないの？

Q　　おひとりさまの父親（相続人は息子2人）が、次男が取得したいと考えていた実家を長男に相続させる旨の遺言を作成しました。遺言書の内容とは異なる内容で遺産を分割することは可能でしょうか？

A　　受遺者及び遺言執行者が存在する場合にはそれぞれの承認が必要ですが、そうでなければ相続人全員の同意があれば、遺言書と異なる内容の遺産分割を行うことができます。

◆遺言の効力

　遺言者の最終意思の表示である遺言がある場合には、その内容は相続法の定めに優先し、相続人は拘束されることになります（もっとも、遺言に際して遺言者が認知症を発症していたなど判断能力に問題がある場合には遺言の有効性が問題となり、遺留分を侵害する内容の場合は、遺言は有効であるものの遺留分侵害額請求権の行使の対象となります。）。

◆遺言の内容と異なる遺産分割

　相続人全員が遺言の内容に納得がいかないと思っており、相続人が遺言書の内容に拘束されてしまうと、相続人全員にとって、その遺言の内容が不都合といえる場合があります。そのような場合には、<u>相続人全員の合意</u>

により、遺言と異なる内容で遺産分割を行うことができます。

　もっとも、遺言の内容と異なる遺産分割を行うためには、その遺言に相続人以外の第三者に対する遺贈が含まれる場合にはその受遺者の承認が必要なほか、遺言執行者が存在する場合には、遺言執行者は被相続人から委任され、相続財産の管理その他遺言の執行に必要な一切の行為をする権利義務を有する（民1012）ため、遺言執行者の承認が必要となります。

◆遺言書の検認手続について

　遺言書（公正証書遺言を除きます。）の保管者又は保管者がいない場合、遺言書を発見した相続人は、相続の開始を知った後、遅滞なく家庭裁判所に遺言書を提出して検認を請求する必要があります（民1004①）。また、封印のある遺言書は、その場で開封をすることは厳禁です。家庭裁判所において相続人又はその代理人の立会いがなければ開封することができません（民1004③）。この手続を怠った場合には、過料の制裁があります（民1005）。相続人の誰かが、遺言書を見つけた時点で開封をしてしまうと、他の相続人から遺言の内容を書き換えたのではないかなどと疑念を持たれる可能性がありますので、争いを生じさせないためにも、速やかに検認手続を行いましょう。

42　相続人の話合いで遺産分割がまとまらないときはどうしたらいいの？

Q　　一人暮らしの父親が亡くなり、私と弟が相続人となっています。以前から弟とは折り合いが悪く、話合いで遺産分割協議の成立を見込める状況ではありません。どうしたらよいでしょうか？

A　　管轄の家庭裁判所に遺産分割調停を申し立てます。それでも解決しない場合には、家庭裁判所が、遺産分割審判を行うことになります。

◆協議により遺産分割が成立しない場合には

　遺産分割協議がまとまらない場合は、原則として他の相続人の住所地を管轄する家庭裁判所に対し遺産分割調停を申し立てることができます（家事244）。

　遺産分割調停手続では、相続人の範囲及び遺産の範囲を確定し、遺産の価値を評価した上で（不動産や非上場株式の評価が特に問題となります。）、どのような割合で（法定相続分を特別受益や寄与分によって修正した相続分によることになります。）、どのように分けるかを協議することになります。

　調停手続では、遺産分割に関連して、被相続人の預貯金から引き出された使途不明金の問題が指摘されることが多くあります。この場合は、ひと

まず預貯金を管理していた相続人に対して引出しの経緯と、使途の説明を求めることになります。話合いを重ねても預貯金の引出しについて相続人同士の了解が難しいということであれば、使途不明金の問題はもはや調停手続では解決することができず、訴訟手続で裁判所の判断を求めることになります（Q70参照）。なお、調停手続では、現に残存している被相続人の預貯金額を前提に分割協議を進めることになります。

　また、調停手続において、遺言書の有効性や解釈、被相続人の遺産か否か（相続人名義の不動産が被相続人の遺産であるか）が問題となることがあります。これらは特定の権利義務の有無を判断する訴訟手続を経なければ解決できないため、これらが争点となる場合には、訴訟手続で裁判所の判断を求めることになります。

　遺産分割の方法については、法律上、どのように分割しなければならないという定めはありません。遺産を構成する資産の内容や状況、遺産の価値の評価や相続人の具体的な相続分を踏まえて、分割の内容について相続人間で合意に至るよう調停委員会が解決案を示したり、譲歩を促すなどして相互の調整を行います。

◆**遺産分割に関する審判事件**

　調停手続でも協議がまとまらない場合は、自動的に遺産分割審判に移行し（家事272④）、家庭裁判所が裁量により分割方法について審判を下します。

　家庭裁判所は、調停において提出された書面や、相続人が新たに提出した書面などを基に事実の調査、証拠調べを行い（家事56①）、相続人の陳述を聴取した上で（家事68①）、遺産分割の審判を行います（家事73①）。審判に対しては即時抗告による不服申立てができますが（家事198①一）、理由がない場合には、遺産分割の審判が確定し、全相続人に対し拘束力を有します。

43 相続税の申告期限が迫っているが、遺産はどうやって分けたらいいの？

Q 相続税の申告期限が迫っているのですが、提案されている遺産分割協議書案に同意しなければならないのでしょうか？

A 遺産を未分割のまま相続税申告、納税を行うことができますので、納得がいかなければ、提案されている遺産分割協議書案に同意する必要はありません。

◆相続税申告と遺産分割協議との関係

　課税価格の合計額が基礎控除額を上回る場合には相続税の申告が必要となり、申告、納税いずれも相続の開始があったことを知った日の翌日から10か月以内に行わなければなりません（**Q72参照**）（相税27①・33）。たとえ相続財産が分割されていない場合であっても、上記の期限までに納税は行わなければなりません。

　遺言書が存在しない場合には相続人間で遺産分割協議により遺産を分けることになりますが、相続税申告期限までに、遺産分割協議がまとまらないことがあります。その場合には、いったんは各相続人が民法に規定する

相続分に従って財産を取得したものとして相続税の計算を行い、申告と納税を行うことになります（相税55）。

　したがって、仮に相続税の申告に必要だからとして、納得できない遺産分割協議書に署名押印することを求められても、それに応じる必要はありません。

◆**修正申告、更正請求**

　民法に規定する相続分で申告した後に、遺産分割が行われ、その分割内容に基づき計算した税額と申告した税額とが異なる場合には、実際に取得した財産額に基づいた税額が当初の申告税額より多い場合には修正申告（相税31）を、実際に取得した財産額に基づく税額の方が当初の申告税額より少ない場合には更正請求（相税32）を行うことができます。

　遺産について分割協議が成立していないときは、申告に際して相続税の特例である配偶者の税額軽減の特例や、小規模宅地の特例（Q72参照）の適用を受けることができません。

　遺産分割成立後の上記更正の請求において各特例の適用を受けることができますが、特例の適用を受けられるのは、申告期限までに「申告期限後３年以内の分割見込書」を提出し、原則として相続税の申告期限から３年以内に分割された場合に限られます（相税19の２、措法69の４）。

44　おひとりさまの相続で、葬儀費用が足りないので金融機関から預金を引き出したいけど、どうしたらいいの？

Q 　　先日、一人暮らしをしていた母が亡くなりました。父は早くに亡くなっており、相続人は姉と妹（私）の２人だけです。葬儀代が結構かかることが判明し、母から生前預かっていた預金通帳から葬儀代を引き出そうと思っています。注意する点はあるでしょうか？

A 　　一定額については、裁判所の許可を得ないで各相続人が預金の引出しを行える制度があります。負債が多く相続放棄の必要がある場合には、この預金の引出しが、「処分」とみなされないよう、注意が必要です。

◆預金からの引出し方法

　亡くなった方に預金がある場合、その預金は遺産として相続の対象となり、相続人が複数いる場合は、遺産分割の対象となります。そのため、相続人間で遺産分割協議を行った上でないと、預金の引出しができないのが原則です。

　もっとも、被相続人の死後は、被相続人の入院費用や葬儀代、家賃の精算等様々な費用がかかります。このような現実があることから、例外として、遺産に属する預貯金債権のうち、相続開始時の債権額の３分の１に法定相続分を乗じた額（民909の２）（同条に関する省令で債務者である各金融

機関ごとに150万円まで）については、各相続人が単独で引き出すことができます。

　なお、引出しを行った相続人は、遺産の一部分割で金額を取得したものとみなされますので、後の遺産分割においては、既にその金額を取得したものとして計算されます。

◆計算方法

　例えば、母親の預金が、Ａ銀行Ｘ支店に100万円、Ａ銀行Ｙ支店に50万円、Ｂ銀行Ｚ支店に1,200万円あったとします。相続開始時の預金債権残高は、Ａ銀行が150万円、Ｂ銀行が1,200万円ですね。ご質問のケースでは、法定相続人は子の２人で、相続分はそれぞれ２分の１ずつですので、Ａ銀行、Ｂ銀行、それぞれからの払戻し限度は、Ａ銀行が150万円×３分の１×法定相続分２分の１で25万円、Ｂ銀行が1,200万円×３分の１×法定相続分２分の１で200万円で150万円を超えているので一金融機関の限度である150万円となります。

　なお、相続財産を構成する負債が多額で、相続放棄を検討すべきレベルであるような場合でも、社会的に相当なレベルの葬儀代を相続財産たる預金から支弁しても法定単純承認に当たる「相続財産の処分」（民921一）とはならないとした裁判例はあります。しかし、例えば葬儀代として払い戻した金額が、社会通念上不相当なレベルと評価される場合には、払戻し行為が、「相続財産の処分」であるとして、法定単純承認があったとみられ、相続放棄ができなくなる可能性がある点には注意が必要です。

　相続財産からの支弁が必要なのか、その金額をいくらにするかは相続放棄の観点からも慎重に吟味した方がよいです。

45 おひとりさまの相続で、兄弟姉妹や甥・姪が相続人になる場合に収集する資料は？

Q 先日、一人暮らしをしていたはずの伯父が利用したものとのことで、甥の私のところにクレジットカード会社から督促状が届きました。私の父と伯父は二人兄弟なのですが、父は既に亡くなっています。人づてに情報を集めたところでは伯父は10か月程前に90歳で亡くなっていたようです。伯父とは父の生前から、20年以上会っておらず、どのような生活をしていたのか不明です。これからの対応のためにどのような資料を集めればよいでしょうか？

A 自己のために相続の開始があったことを知った時から3か月以内の相続放棄等の手続に間に合うように調査を行う必要があります。それに間に合うように相続人の範囲の調査、相続財産の調査が必要になります。前者は戸籍謄本・除籍謄本、後者は残された各資料からの調査、取引先銀行への照会や信用情報機関への照会が考えられます。

◆おひとりさまの場合の相続

二人兄弟の兄が90歳で亡くなれば、その方の配偶者も既に亡くなっていることもしばしば見られるところです。亡くなった方に子がいなければ、残された弟が法定相続人となります。兄弟が高齢になって同居していることは少なく、また兄が生前大きな病気をしていたわけでなければ兄弟間の関係が良好であっても、相続の準備など深い話がなされていないというケ

ースも多いでしょう。また、ご質問のように、弟が兄よりも前に亡くなっており弟の子の代になっていれば、弟の子（甥、姪）が代襲相続人として兄の法定相続人になります。関係性が希薄ですと、亡くなった方の負債を含めた相続財産の把握はより難しくなります。

◆**負債への注意**

　ご質問のケースでは、自己のために相続の開始があったことを知った時から３か月以内に家庭裁判所に対して相続放棄・限定承認等の手続を行う必要があるため、速やかに相続財産の調査を行う必要があります。

　交流の少なかった伯父に子などの法定相続人がいないと思い込んでいても、実際には婚姻の有無にかかわらず子などの相続人がいる場合もありますので、一般の相続の場合と同様、相続人の調査は必須になります。伯父が生まれてから亡くなるまでの戸籍謄本及び除籍謄本を調査して相続人の把握を行う必要があります。

　また、相続財産については、プラスの財産の調査は必須であるものの、リスクの把握という面からはマイナスの財産の調査はより重要です。調査方法は様々なものがありますが、例えば預貯金通帳を見て借金に関する金銭の出入りがないかを把握したり、取引のあった金融機関に照会を行う、信用調査機関等に照会を行う、生前の生活本拠が賃借物件であれば賃料支払の遅滞がないか、自己所有物件への居住であればその不動産を担保とした借入れがないか、未払の公租公課がないか、他人の（連帯）保証人になっていないか等、負債についてはより重点的に把握しておく必要があります。

46 おひとりさまの相続で、日本国籍ではない相続人が相続放棄をするためにはどうしたらいいの？

Q　私は仕事で海外暮らしが長く、数年前に居住国の国籍を取得しました。先日三人兄弟の兄から父が亡くなったとの連絡がありました。父の遺産はめぼしいものはなく、事業でできた負債を抱えていたため、私以外の2人の兄達は相続放棄をするということでした。私も相続放棄をする方がよいと思っていますが、半年ほどは仕事の関係で帰国できない状態です。どうしたらよいでしょうか？

A　相続放棄は弁護士に委任をして行うことができますが、申述をする方の戸籍謄本の取得ができないため、代わりに提出する資料・書類を家庭裁判所に照会しながら相続放棄の申述を行う必要があります。そのため余裕をもった準備が必要です。

◆相続放棄の申述行為に必要な書類

　相続放棄の申述は家庭裁判所に対して行います。その際、裁判所において相続放棄が有効となるための要件を満たしているかを判断するため、一定の資料の提出を求められます。被相続人の出生から死亡までの戸籍謄本

（除籍謄本、改製原戸籍）の提出などが求められ、その中で、あなたが法定相続人であるかの判断もなされることになります。放棄する方が海外に居住している場合でも、相続放棄の申述にはこれらの書類が必要です。

　単に海外に居住しているだけであれば、日本の戸籍があり戸籍に反映すべき事由が反映されていますので、通常どおり要求されている申述人の戸籍謄本を提出することになります。しかし、日本国籍を喪失している場合には、元の戸籍から除籍されていますので、戸籍謄本が提出できません。この代わりになる資料や補充のために必要な資料は、他国の身分関係の記録の形式や方式が統一されていないため、一律に定まっているわけではありません。代替又は補充の資料として、現在の国籍を有する国から発行される帰化証明書等が要求されることが多いとは思われますが、具体的な資料として何が適切であるのかは家庭裁判所に確認しながら進めることになります。

◆相続放棄の熟慮期間との関係

　自己のために相続が開始したことを知った時から３か月以内（民915本文）に相続放棄の申述をする必要があります。海外に居住しているとの事実があっても期間自体は変わりません。相続放棄の要否の調査も並行して行う必要がありますので、思いの外時間がかかることもあり、必要に応じて代理人経由で期間の伸長の申立てをすることも検討する必要があるでしょう（民915ただし書）。

47 相続人の中に認知症の人や未成年者がいるときにはどうしたらいいの？

Q 　父親が亡くなり、母親と私と弟（５年前に死亡）の未成年の子供（２人）が相続人となっています。母親は認知症で自分の名前も分からない状態ですが、どのように相続手続を進めればよいでしょうか？

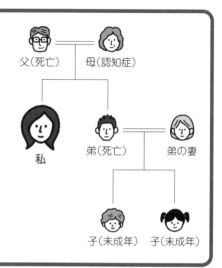

A 　認知症の母親については、後見開始の審判の申立てを、未成年の子については、通常は親権者（弟の妻）が法定代理人となりますが、未成年者が複数いる場合には、未成年者間に利益相反が生じるため代理できず、特別代理人の選任申立てを行う必要があります。

◆後見開始の審判の申立て

　相続人の一人の判断能力が不十分であるために、遺産分割協議を行うことができない場合には、判断能力が不十分な相続人について成年後見開始の審判を受け、成年後見人が代理人となって遺産分割協議を行うことになります。

　成年後見制度は、判断能力が不十分な人のために、本人の行為能力を制限し、代理権を成年後見人に付与して、本人をサポートする制度です。

　成年後見人を選任するためには、家庭裁判所に対して後見開始の審判の

申立てを行います。後見開始の審判の申立権者は、本人、配偶者、四親等内の親族、未成年後見人、未成年後見監督人、保佐人、保佐監督人、補助人、補助監督人又は検察官（民7）、任意後見人等（任意後見10②）です。

　家庭裁判所が成年後見開始の審判を行う場合には、家庭裁判所は成年後見人を選任します（民843①）。なお、成年後見人を選任するには、成年被後見人の心身の状態（精神上の障害により事理を弁識する能力を欠く常況にあるか否か）並びに生活及び財産の状況、成年後見人となる者の職業及び経歴並びに成年被後見人との利害関係の有無、成年被後見人の意見その他一切の事情を考慮しなければならない（民843④）とされており、成年被後見人に必要なサポートの内容や、その財産状況を踏まえて成年後見人が選任されることになり、ご質問のケースの場合には法律の専門家である弁護士等が選任されることが多いものと思われます。

◆特別代理人の選任の申立て

　未成年の法定代理人は親権者です（民824）。しかし、ご質問のケースのように未成年の子が複数名いる場合に、親権者が複数の子供たちの代理人として遺産分割協議に参加すると、子供たちの間で利益が相反してしまいます。そのため、親権者はその一方のために特別代理人の選任を家庭裁判所に請求しなければなりません（民826②）。

　判例は、特別代理人の選任をしないまま行った遺産分割協議に関し、親権者に衡平を欠く意図がなく、数人の子供らの間で利害対立が現実化していなくても、利益相反行為に当たる以上、追認がない限り無効としています（最判昭48・4・24裁判集民109・183）。

48　相続人の中に将来破産することを予定している者がいるときに気を付けることは？

Q 　一人暮らしの父親が亡くなり、私と弟が相続人となっています。弟は多額の借金を抱えており、父親に対する相続分を相続しても、なおも自分の借金を返せない状態です。このため、弟に相続放棄してもらい、私に財産を集中させるか、遺産分割を行い私に財産を集中させることを弟と相談しています。どのような点に注意すればよいでしょうか？

A 　弟の破産手続が始まる前に、相続放棄をすることは問題ありません。遺産分割については原則として債権者を害するものとはされませんが、合理的な理由がなければ問題とされる場合があります。

◆破産手続が開始されると

　弟が破産すると、裁判所により破産管財人が選任され（破産74①）、破産者の財産の管理・処分や、債権者に対する配当を破産管財人が行います（資産が乏しい場合には破産管財人は選任されません。）（破産78①・216①）。

　危機的な状況にあるときには、破産手続で処分されるくらいならば、第三者に無償で譲ってしまうとか、他の債権者には支払えないのに、身内に

優先して支払ってしまう等の債権者を害する行為を行う場合があります。そのような行為に対して、破産管財人には否認権の行使が認められています（否認の請求又は訴えを提起）（破産160以下）。否認権が行使されると、譲受人や債権者は、破産管財人に対して原状回復をしなければなりません（破産167①）。

◆相続放棄について

　相続放棄は身分行為とされており、財産権に関する行為ではないため、破産手続が開始される前の相続放棄は否認権行使の対象とはならないとされています。一方、破産手続が開始され、相続人が現に破産者である場合に相続放棄をすると、破産管財人が相続放棄の効果を認めた場合を除き、破産法上、限定承認の効果が与えられています（破産238）。限定承認とは、被相続人の権利義務を承継するが、相続によって得た積極財産の限度においてのみ被相続人の債務及び遺贈を弁済することを要件とする相続の承認をいいます。よって、この場合は父親の遺産に対する相続分で被相続人である父親の債務を弁済し、残余があれば弟は残余分を父親から相続し、その残余分も併せて弟自身の債務について債権者に弁済（配当）するということになります。

◆遺産分割協議について

　遺産分割は財産権に関する行為であるため、理論上否認権行使の対象となりえますが、具体的事案では、原則としては否認権の行使の対象となりません。すなわち、裁判例では、遺産分割に当たっては、個別的な事情を考慮し、相続人間の実質的公平を図った配分をすることを想定しており（民906）、相続分とは異なる割合での遺産分割は妨げられないことから、相続分を超えた遺産分割を行うことは相手方に直ちに無償で財産を与えたとすることはできず、否認権行使の対象になるには、遺産分割に当たり考慮された具体的な事情を考慮しても、相続人間の公平を実現するものとはいえないことという要件が必要とされています（東京地判平27・3・17金法2032・93）。

　遺産分割により財産を特定の相続人に集中させるには合理的な理由が必要ということになりますので、弟の破産手続が始まる前に相続放棄をしてもらう方が意図を実現しやすいでしょう。

49 「何もいらない」と言っていた相続人に後から欲しいと言われないためには？

Q 私が、実家で一人暮らしの高齢の父親の世話をしていることから、「遺産は全部兄貴が相続してくれ。俺は何もいらない」と言っていた弟に後からやっぱり欲しいと言われないためにはどうしたらよいでしょうか？

A 弟さんに相続放棄をしてもらうという方法があります。また、父親に兄一人に相続させる旨の遺言書を作成してもらうことと併せて弟さんに遺留分の放棄をしてもらうことが考えられます。

◆相続放棄

弟さんが相続放棄を行うことにより、<u>弟さんは最初から相続人ではなかったことになりますので</u>（民939）、兄であるあなたは全ての財産を相続することができます。ただし、相続放棄は、弟さんがお父さんの死亡した事実を知った時から3か月以内に家庭裁判所に放棄の申述をする必要があります。お父さんが亡くなる前に相続放棄をすることはできません（民915①・民938）（Q46参照）。相続放棄を行うには家庭裁判所を通じた手続を経なければならないため、弟さんにとっての手続負担はそれなりに重く、いざ相続となったときに弟さんの気持ちが変わることもあるでしょう。

◆**遺留分の放棄**

　遺留分を有する相続人は、被相続人の生存中に家庭裁判所の許可を得て、あらかじめ遺留分を放棄することができます。

　そこで、被相続人である父親に、兄であるあなた一人に全財産を相続させる旨の遺言書を作成してもらうことと併せて、弟さんには遺留分の放棄の手続を行ってもらった上で、自らの遺留分の放棄をしてもらうことが考えられます。

　遺留分放棄の申立ては、被相続人の住所地を管轄する家庭裁判所に、申立書、相続財産の目録、被相続人と申立人の戸籍謄本を提出することで行えます（民1049①）。

◆**相続分の譲渡（参考）**

　ご質問のケースでは、相続人は兄弟２人ですが、多数いる共同相続人の一人が、被相続人から財産や債務を承継したくない場合には、遺産分割の前に他の相続人に自己の相続分を譲渡することができます（民905①）。

　相続分を譲渡した相続人は、その相続分を失うことから、他の相続人や譲受人との関係では上記の相続放棄や遺産分割と実質的に同様な効果が発生し、相続分を譲渡した相続人が、気が変わった、やっぱり財産が欲しいと主張してもそれは認められない、ということになります。

　なお、相続分の譲渡が行われた場合、譲受人は譲渡人が遺産に対して有していた相続分をそのまま承継することになりますので、自己の相続分を増加させ、相続分を譲渡した相続人以外の相続人との間で遺産分割協議を行うことになります。ただし、相続分の譲渡とは、相続の権利を手放すことであり、相続人としての地位は失われません。よって、相続財産に債務が含まれている場合には、相続分の譲渡人が自らの相続分に基づき負担していた債務を免れる効果まではありません。

50 遺産を取得しない相続人に「ハンコ代」を渡すときに気を付けることは？

Q 　一人暮らしをしていた父親が亡くなりました。最後まで面倒を見ていた自分が、遺産を全て相続したいと考えています（遺言はありませんでした。）。遺産分割協議書の作成に当たり、他の兄弟に「ハンコ代」を渡そうと考えています。どのような点に気を付ければよいでしょうか？

A 　金額的な基準はなく、取得する財産額や他の相続人との関係から数万円から数十万円までが一般的であると思います。ただし、ハンコ代が贈与税の非課税額（110万円）を超える場合には、遺産分割協議書上、代償金として支払うことを明示するのが望ましいです。

◆遺産分割協議書を作成するには

　遺産分割に当たり、相続人の一人が相続財産の全部を取得するためには、その相続人が相続財産の全部を取得する旨を定めた遺産分割協議書を作成し、相続人全員が署名と実印の押印を行い、併せて相続人全員に印鑑登録証明書を提出してもらう必要があります。そのような手続を取らないと、原則として、銀行等との関係で口座の解約や名義変更ができず、また、不

動産について相続人の一人が不動産を全部取得する相続登記を行うことができません。

　こういったケースで、相続人全員に円滑に遺産分割協議書の作成に協力してもらうためにハンコ代を渡すことが考えられます。もっとも、相続人同士の関係から、無償で遺産分割協議書の作成に協力してくれる場合にまで、支払が必要になるものではありません。

◆ハンコ代の相場、注意点

　ハンコ代の相場については、この金額であればよいという、明確な基準があるわけではありませんので、相続人に協力してもらえるような金額を検討することになります。

　ハンコ代を決定するに当たり、考慮すべき事情としては、①相続人の一人が取得することになる相続財産の総額、②相続人が決定された経緯（被相続人の生前から、誰が相続人になるかが決まっていた、相続に至った経緯（亡くなるまで面倒を見ていたなど））、③ハンコ代を支払う相続人の支払能力、④相続財産を取得しない他の相続人の性格、他の相続人とのこれまでの関係（信頼関係があるかないか）等が考えられます。

　一般的には数万円から数十万円の範囲で決定されるものと思いますが、相続人の取得する相続財産の総額によっては数百万円となってもおかしくはありません。

　少なくとも、現時点の贈与税の非課税枠である110万円を超えてハンコ代を渡す場合には、遺産分割協議書に、特定の相続人が相続財産の全部を取得する代償金として一定の金銭を支払う旨を定めないと、ハンコ代を受け取る相続人に贈与税が発生することになりますので、その点に対する配慮が必要です。

51　おひとりさまの相続で、相続人が音信不通の場合はどうしたらいいの？

Q　　父が死亡しました。私は二人兄弟の弟です。私は父のマンションに同居していましたが、不動産を売却するためには、もう一人の相続人である兄の同意が必要です。兄とはもう30年近く音信不通です。以前の電話番号に電話してみましたが繋がりません。どうしたらよいでしょうか？

A　　親戚や友人の情報がなければ、音信不通のお兄さんの住民票や戸籍の附票、それらに基づき現住所や過去の住所の関係者に聞き取りを行うなどして現在の居住地を調査し、連絡をとった上で遺産分割協議を成立させる必要があります。

◆戸籍の附票をたどって現住所確認

　現実にお兄さんに同意をしてもらう必要があることから、お兄さんの所在を調査するという作業が必要になります。公的な資料で調査するとすれば、相続人の範囲の調査をする際に合わせて、お兄さんの戸籍の附票も取り寄せましょう。戸籍の附票とは、戸籍の編製と同時に作成される住所等の変遷を記録するための記録です（住基台帳16）。最新の住所が知りたい場合には、戸籍の附票ではなく住民票の写しからでも情報を得ることができ

ます。

　しかし、目的はお兄さんに連絡をとることですので、このような公的な資料からだけでは不十分なことも考えられ、友人や親戚などお兄さんと交流をもっていそうな方がいれば、確認等をしてみることが有効な場合もあるかもしれません。

◆失踪宣告・不在者の財産管理

　いくら探してもお兄さんの行方が分からない、もしかして死亡しているかもしれない等という場合も考えられます。

　その場合には、人の生死が不分明な場合に最終的に死亡したとみなすための「失踪宣告」という制度の利用も考えられます。ただし、失踪宣告の制度は、原則として7年間を超えてお兄さんが生死不分明な状態である場合に失踪宣告の審判により死亡を擬制するものです。具体的な申立て等はQ52を参照してください。

　なお、失踪宣告の審判が確定するまでの間は、不在者の財産管理人（民25）の選任を申し立て、お兄さんの相続分の遺産の管理をしてもらい、失踪宣告の審判が確定した段階で、あなたの単独相続として処理していくということになります。こちらについても、Q52を併せて参照してください。

52　相続人の中に死亡しているのに死亡届未了で戸籍が残っている人がいた場合、どうしたらいいの？

Q　夫が先日亡くなりました。私たちには子供はいません。夫には兄がいましたが、夫の生前の話では、両親が30年前に他界し、その義兄も20年前に亡くなったいうことでした。義兄が亡くなった原因は知りません。戸籍を取り寄せたところ、どういうわけか義兄の戸籍はまだ残っていました。私の生活費もかかるので、マンションを売りたいのですが、どうすればよいでしょうか？

[名]〇〇 〇〇〇
[続柄] 長男

戸籍

A　法定相続人の地位を有する義兄の戸籍が残っていると、あなたの単独名義での登記ができなくなります。親族として死亡届を提出するか、生死不明として失踪宣告の申立てなどを利用する必要があります。

◆死亡後の手続と戸籍

　人が死亡すると、死亡を確認した医師から発行された死亡診断書（又は死体検案書）を添付して、7日以内に死亡届を自治体に提出する必要があります（戸籍86①②）。死亡届が受理されると1週間〜10日ほどで本籍地の

戸籍に反映され、除籍されるという流れになります。

　ご質問のケースでは、あなたは義兄の親族（民725）ですので、義兄の死亡届を提出する資格があると考えられます（戸籍87②）。ただし、死亡届に死亡診断書や死体検案書を添付できない場合には、「死亡の事実を証すべき書面」の添付が必要であるため、役所と相談して要求される書類を提出する必要があります。死亡届が受理されれば、義兄は戸籍から除籍され、あなたは最終的に単独相続人として相続の登記をした上で、マンションを売却することができます。

◆失踪宣告と不在者の財産管理人

　しかし、義兄が死亡した事実だけは確からしいものの、上記書面での証明が不十分で死亡届が受理されない、不受理に対する不服申立て（戸籍122）をしても受理が認められないということが起こりえます。

　こういった場合、人の生死が不分明な場合に最終的に死亡したとみなすための制度として「失踪宣告」という制度があります。原則として７年間を超えて義兄が生死不分明な状態であれば失踪宣告の要件を満たしますので、不在者（義兄）の従来の住所地又は居所地の家庭裁判所に失踪宣告の申立てを行った上で、家庭裁判所により失踪宣告の審判がなされることになります（民30）。失踪宣告の審判が確定後、役所に失踪宣告の届（失踪届）を提出し（10日以内）（戸籍94）、義兄を戸籍から除籍するいう流れになります。

　なお、失踪宣告の審判が確定するまでの間は、不在者の財産管理人（民25）の選任を申し立て、義兄の相続分の遺産の管理をしてもらい、失踪宣告の審判が確定した段階で、義兄の相続分の遺産として管理されていたものを、あなたの単独相続として処理していくということも考えられます。

53 遺産分割協議の途中で相続人が亡くなってしまったらどうなるの？

Q 　一人暮らしの父親が亡くなり、私と弟が相続人となり、遺産分割協議をしていたところ、弟が交通事故で突然他界してしまいました。弟には、妻と子供が1人います。弟が亡くなったことで、自分の父親に対する相続分が増えるのでしょうか？

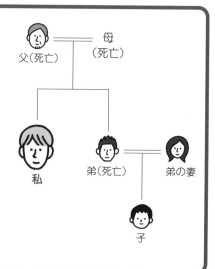

A 　父親に対する弟の相続分を、弟の妻と子供が相続により承継しますので、あなたの父親に対する相続分は変わりません。あなたと弟の妻及び子供との間で遺産分割協議を行うことになります。

◆遺産分割協議途中で相続人が亡くなってしまった場合

　遺産分割協議の進行中に、相続人の一人が死亡してしまい、新たな相続が発生する場合があります。その場合、相続人が有している相続分が、その相続人の死亡により消滅し、その結果、他の相続人の相続分が増えるといったことはありません。<u>被相続人である父親から弟が相続した地位を、亡くなった弟の更なる相続人が引き継ぐことになります。</u>したがって、亡くなった父親に関する遺産分割協議は、今後は、あなたと弟の妻及び子供との間で行うことになります。

◆弟との間の交渉メモ

　弟が突然死亡した場合、弟は特にその妻や子供との間で、あなたとの交渉の状況を共有していない可能性があります。法的には、それまでの弟との交渉状況については、弟の妻及びその子供はそのまま引き継ぐものといえますが、弟とのやり取りが口頭でのやり取りに終始している場合には、具体的にどのようなやり取りが弟との間であったのかを、弟の死後に弟の妻及びその子供に説明することは困難であることが予想されます。

　遺産分割協議は、段階を経て、まずは個別的な事項について合意に至り、最終的に全体として合意に至り、遺産分割協議書として書面化するといった経過をたどることが多いものと思います。したがって、交渉当事者が死亡してしまうと、その交渉状況をその相続人に対して説明できない場合には、それまでの交渉の積み重ねが一切無駄になってしまう、といった事態も想定されます。

　その意味でも、交渉の経過を記録に残し、個別の合意事項や重要な交渉経過については他の相続人との間でメール等でやり取りし、記録として残しておくことが大切です。

　ご質問のケースのように、他の相続人が交渉途中で突然死亡してしまった等というケースだけではなく、他の相続人との間で後々言った言わないといった無用のトラブルを防止し、遺産分割協議が遅々として進まないという状況を回避する観点からも、役に立つのではないかと思われます。

54 おひとりさまにどんな遺産があるか分からないときの調査方法は？

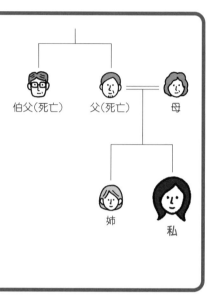

Q 　私には姉がおり二人姉妹です。父は10年ほど前に亡くなりました。また、父の兄（伯父）も先日亡くなりました。伯父は生涯おひとりさまで、奥さんも子供もいません。この場合、私達姉妹が伯父の相続人になると聞いたのですが、伯父がどんな財産をもっていたのか全く分かりません。どうやって調べたらよいでしょうか？

伯父（死亡）　父（死亡）　母

姉

私

A 　残された各資料から調査を行っていくことになりますが、負債の調査については相続放棄との関係で時間が限られているため、特に注意が必要です。

◆遺産調査が必要な理由

　人が亡くなり、その人についての相続が発生すると、まず相続放棄や限定承認の申述期限（相続の開始を知った時から３か月以内（民915））、次に、相続税の申告期限が到来します（死亡したことを知った日の翌日から10か月以内（相税27①））。さらに、遺言や生前贈与などで、ある相続人の遺留分が侵害されている場合には、遺留分侵害額請求の時効が到来します（遺留分を侵害する贈与又は遺贈があったことを知った時から１年間（民1048））。

　このように相続に関する各制度で期限が設定されているために、<u>相続人としては、おひとりさまにどのような遺産があるのかを可能な限り早く把</u>

握しておく必要があります。個人で確定申告をしている場合には、確定申告書の控えや帳簿の記載から資産や負債についてのまとまった情報が入手できます。また、個人の負債であれば、個人の不動産に設定されている抵当権等の担保から住宅ローンその他の借入金の存在を推認する、メール、郵便物、督促状、通帳などから判明した取引金融機関への問合せ、信用情報調査機関への確認などが考えられます。各種税金については、国税であれば居住地などの管轄税務署への問合せ、地方税であれば役所（東京都は都税事務所）などへの問合せが必要になります。

　さらに、相続人が相続によって承継する負債には（連帯）保証債務も含まれます。もっとも、連帯保証に関する契約書が発見されない場合に、主債務者が円滑に弁済を続けていれば、その存在は判明しにくいものです。オーナー経営者の場合には、株式価値の把握のために会社自体の資産や負債の調査が必要になりますが、連帯保証債務という視点では、経営者個人が、会社を主債務者とした連帯保証をしているケースも多いため、会社の取引金融機関に確認をする必要があります。

◆資産調査

　預貯金については、預貯金通帳・銀行から取り寄せた取引明細書・残高証明書などでの確認、不動産については、役所（東京都は都税事務所）から送付される固定資産税明細書・役所等にある名寄帳での確認・名寄帳に反映されない売買の売買契約書等での確認、権利証、債権の契約や証書、郵便物等を調査する必要があります。投資信託や上場株式については、被相続人が生前口座を開設していた証券会社に確認する必要があります。暗号資産も通常、相続されますが、痕跡が書面では残りにくいため、パソコンや携帯、メールなどから判明した暗号資産取引所に問合せを行うことが考えられます。

55 おひとりさまの遺産はどうやって管理したらいいの？

Q 　私は四人兄弟の次男です。おひとりさまの長男が遺言を残すことなく亡くなりました。相続人は私を含めた弟3人です。遺産は高級車1台、投資用のマンション1室で、自宅は賃貸マンションでした。駐車場の支払賃料が月4万円、投資用マンションの賃料収入が月に8万円ほどです。兄弟間で遺産分割協議を行っていますが、時間がかかりそうです。遺産をどのように管理したらよいでしょうか？

A 　居住用の賃貸マンションは解約し、自動車は売却等が考えられます。相続人間で（準）共有状態にある投資用マンションや各賃貸借契約については、保存行為は単独でできますが、管理行為は共有者の過半数の同意が、処分行為には共有者全員の同意が必要です。

◆遺産の共有状態

　相続が発生すると、所有権、債権債務、契約上の地位などはその性質に反しない限り（一身専属的なものでない限り）相続人に承継されます。ご質問のケースでは、自動車の所有権は3分の1ずつの共有状態となり、投

資用マンション、居住用マンションも同じく３分の１ずつの共有状態となります。

　相続開始時に既に発生していた具体的な金銭債務については、各相続人の相続分に従って３分の１ずつで帰属しますが、相続開始後に発生する賃料債務については、（不可分債務として）連帯債務の規定が適用されることから、各月に発生する居住用マンションの賃料債務や自動車の駐車場の賃料債務については、賃貸人側は、あなたと三男、四男、それぞれに対し、賃料全額の請求を行うことができます（３分の１ずつではありません。）。他方で、投資用マンションの賃料債権については、各共同相続人がその相続分に応じて分割単独債権として確定的に取得する（３分の１ずつ）ことになります。

◆保存行為・管理行為・処分行為

　遺産分割協議の成立までの間は、所有不動産は共有状態になり、賃貸借契約など契約関係もそれに類似する準共有状態となっています。共有の場合、保存行為（修繕等）は各共有者が単独で行うことができますが、管理行為（賃貸借契約の解除等）は共有者の持分の過半数の同意が必要となります。さらに、処分行為（売却等）は共有者全員の同意が必要です。何が保存行為で何が管理行為なのか、その線引きは容易ではないこともありますが、共有物の物の価値を維持するための修繕や無権利者の妨害を排除するような行為は保存行為と考えられています。

　ご質問のケースでは居住用マンションの賃貸借契約や駐車場の賃貸借を解除したり（意思決定は共有者の過半数の同意で足りますが、解除通知は全員で行う必要があります。）、自動車を売却する（共有物の処分行為なので共有者全員の同意で決定します。）、投資用マンションを修繕（金額にもよりますが、保存行為として各共有者が単独で行えるのが原則です。）したり、賃料を請求回収（賃料請求は各自の相続分を請求化）することが予定されています。

　それぞれについて他の相続人の同意が必要なのかを検討することは、専門的な判断を要しますので、後の無用な争いを回避するためには、原則として他の相続人の同意を得ながら実際の管理を行うのが安全であると考えておいてよいでしょう。

56 おひとりさまの借金を相続したくないときはどうしたらいいの？

Q おひとりさまの兄は、少し浪費癖があり消費者金融から借入れがあるようでした。先日その兄が亡くなり、居住していたアパートで遺品の整理をしていたところ、残高が20万円ほどある預金通帳が見つかりました。大家さんからはすぐに滞納家賃12万円を支払ってほしいと言われています。消費者金融からの借金は大きな金額かもしれないので相続放棄しようと思いますが、問題ないでしょうか？

　　資産と負債を可能な限り調査した上で、負債が多ければ自己のために相続が開始したことを知った時から３か月以内に家庭裁判所に相続放棄の申述を行うことが考えられます。 **A**

◆相続放棄の手続

　人が亡くなると、その人の法定相続人が遺産を相続するところ、遺産にはプラスの財産だけではなくマイナスの財産も含まれます。そのため、身内が亡くなった場合には、自分が相続人であるか、亡くなった被相続人に負債があるかを、できるだけ早く把握しておく必要があります。何もしないままでいると借金の額にかかわらず（１円でも１億円でも）、全て相続することとなります。

　ご質問のケースのように被相続人の負債が多く、相続放棄をしたいとなった場合には、相続人は自分のために相続が開始したことを知った時から

３か月以内（熟慮期間）に、家庭裁判所で相続放棄の申述手続をとる必要があります。法律で定められた要式で行う必要がありますので、単に、他の共同相続人に遺産はいらない旨の書面を差し出しただけでは「相続放棄」の申述をしたことにはなりません。

　相続放棄は他に相続人がいる場合でも単独で行うことができます。相続放棄の申述に対する受理の判断がなされると、受理通知が裁判所から送付されます。

◆熟慮期間の伸長と熟慮期間に間に合わなかった場合の対処

　３か月の熟慮期間の経過までに相続放棄をするかどうかの判断ができない場合には、熟慮期間の伸長の申立てを行うことができます。家庭裁判所において伸長が必要との判断がなされると熟慮期間が伸びることになりますので、その経過までに申述をすることになります。

　また、熟慮期間を形式的に経過してしまった場合には絶対に受理がなされないのかというと、相続の開始を知った時の起算点の判断や、３か月の間に申述ができなかったことについて正当な理由があるかの判断を家庭裁判所において行い、受理がなされる場合があります。もっとも、相続放棄の申述の受理の判断は最終的な判断ではなく、債権者は、相続人の相続放棄が有効ではない旨を主張して相続放棄の効果を争うことができます。相続放棄が法定の要件や趣旨を満たして有効となるかは、受理の後に行われる債権者と相続人の間の訴訟の結果次第です。

　相続人側からすれば相続放棄が有効となるためには申述という要式行為が必要ですので、仮に相続放棄が認められない可能性があり後に債権者から争われる余地があったとしても相続放棄の申述は行っておくということも、一つの方法だと思います。

57 おひとりさまの遺産が自宅のみで、相続人が誰も取得を希望しない場合はどうなるの？

Q 母は20年前に亡くなっており、父も先日亡くなりました。父の兄（私の伯父、86歳）はまだ存命です。私は二人姉妹なのですが、2人とも海外で暮らしており、父は晩年は一人暮らしでした。実家は老朽化が激しく、場所も田舎で土地の売却先も簡単に見つかりそうにないため、実家の土地・建物は相続したくないと思っています。どうしたらよいでしょうか？

相続放棄も考えられますが、管理責任等との関係で最終的には一定の費用負担が避けられない可能性があります。

◆相続放棄の効果

　ご質問のように、実家の土地・建物を相続したくないというときには、相続放棄をすることが考えられます。自己のために相続が開始したことを知った時から3か月以内に家庭裁判所に相続放棄の申述をすることで（民915本文）、相続放棄をした人は、その相続に関しては、初めから相続人とならなかったものとみなされます（民939）。

　相続人の一部の方が相続放棄した場合は、その方を相続人から除いた上で、法定相続人を考えることになります。そのため、ご質問のケースでは、ご質問者を含む姉妹が共に相続放棄をすると、伯父が唯一の法定相続人と

なり、実家の土地・建物を相続することになります。各自の判断で考えるということであればよいのですが、思いがけず相続人になることで、伯父さんが困ってしまう可能性もありますので、事前に相談の上進めた方がよいと思います。

◆当初の相続人全員が相続放棄した場合

　仮に、ご質問者の姉妹に加えて、伯父も相続放棄をし、相続人がいなくなった場合には、相続人が不在のままで実家の土地・建物が物理的に残るという事態が発生します。

　相続人が不在の場合には、実家の土地・建物は国庫に帰属するというのが民法上の抽象的な帰結ですが、実際には、それほど単純ではありません。相続人が相続放棄をした場合にも、その放棄の時に相続財産に属する財産を現に占有しているときは、自己の財産におけるのと同一の注意をもって、その財産を保存しなければなりません（民940①）。

　また、相続財産が最終的に国庫に帰属するには、相続財産清算人の選任を行い清算を行うことが前提になっています（民951～959）。そもそも相続財産清算人の報酬その他の実費自体が賄えないようですと、相続財産清算人の選任自体が難しくなるため、申立人において一定の費用負担の下で、相続放棄を行うかどうかを判断していくことになります。

　なお、相続財産が土地の場合には、「相続等により取得した土地所有権の国庫への帰属に関する法律」という法律により一定期間の管理費相当の負担金を支払って、土地を国庫帰属させる制度があります。審査・承認を受ける必要がありますが、土地によっては検討の余地があるかもしれません。

58 おひとりさまから財産を相続したところ、しばらくして他人の借金の連帯保証人になっていたことが分かったときはどうしたらいいの？

Q 　私は三人兄弟です。おひとりさまの兄が１年前に亡くなりました。兄の預金通帳残高50万円を弟と私で分割したところ、今になって、兄が生前ある会社の事業から発生する債務一切について連帯保証をしていたとして相続人である私に債務支払の督促がきました。どうしたらよいでしょうか？

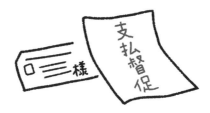

A 　連帯保証債務も相続の対象となります。相続放棄は難しいところですが工夫の余地がないか専門家に相談してはいかがでしょうか。どの範囲の債務が保証に含まれるかを慎重に吟味して対処しましょう。

◆**連帯保証債務は相続放棄によって免れ得るか**

　第三者の借入れなどのために連帯保証人となった人が亡くなった場合、連帯保証債務も相続人の相続分に従って相続されます。被相続人が400万円の借入れに対して連帯保証人となっていれば、法定相続分が２分の１ずつの相続人が２人いた場合、相続によりそれぞれ200万円の限度で連帯保証債務を承継します。プラスの資産が40万円だとして、それぞれがプラスの資産を20万円ずつ相続したとしても、マイナス資産である連帯保証債務を200万円ずつ承継する結果、損益は各々マイナス180万円となります。

このようにプラスの資産をマイナスの資産が上回っている場合には、相続放棄をすることで相続による権利義務の承継を行わないことができます（自己のために相続が開始したことを知った時から３か月以内に家庭裁判所への申述が必要）。ただし、相続放棄をすると、相続の開始時から相続人でなかったとの効果が発生しますので、マイナス資産がある場合には、一部の者だけの相続放棄は、その他の相続人によるマイナス資産の承継額を増加させることになります。相続放棄の効果を相続人間で認識しておく必要があります。

◆連帯保証債務自体の問題点・相続放棄の申述受理の運用
　ところで、令和２年４月以降になされた個人根保証契約（一定範囲の不特定の債務を主たる債務とする保証契約）では主債務者の死亡によって被保証債務の範囲は確定し、それ以後に生じた債務は被保証債務の範囲に含まれません（民465の４）。また、極度額（上限額）を決めない個人根保証契約は無効とされています（民465の２）。このように保証契約締結を有効なものとするための要件は厳格化されていますので、ご質問のケースのような連帯保証についても、具体的な連帯保証契約の内容や締結方法を吟味しながら、被保証債務を限定したり有効性を争うことも検討していくことになります。
　また、ご質問のケースでは相続放棄の申述の熟慮期間を過ぎてはいますが、実際には一定程度期間が経過していても、申述できなかったことがやむを得ないと判断されれば、相続放棄の申述が受理される場合があります。後に債権者から相続放棄は無効との主張を受ける可能性も高いですが、金額や事情により最終的に債権者からの追及を回避できる可能性もあり、弁護士と相談しながら進めていくことがよいと思います。

59　おひとりさまが住んでいたアパートの大家から家賃の支払や遺品の片付けを求められたときはどうすればいいの？

Q 　私の伯母は賃貸アパートで一人暮らしをしていましたが、先日病院から、伯母が亡くなったと連絡がありました。伯母とは母が10年前に亡くなってからは特に交流はなく、年賀状をやり取りする程度でした。伯母の住んでいた賃貸アパートの後始末に行ったところ、家賃が４か月分たまっているということで大家さんから契約の終了を告げられ、遺品の片付けを求められました。私が対応しないといけないでしょうか？

A 　相続人調査及び財産調査を行った上で判断していくことになります。調査を全く行わずに各行為を行うと、相続人の地位や処分の権限の有無、後の相続放棄の余地との関係で一定のリスクが発生することになります。

◆相続人調査の必要性

　伯母さんは一人暮らしをされていたということですので、今後は賃貸借契約の終了により立ち退きを行う方向になると考えられます。伯母さんの両親がおらず、妹（ご質問者の方のお母様）も亡くなっているので、代襲

相続により妹の子であるご質問者が相続人になる可能性が高いです。しかし、伯母さんにお子さんがいる等、親戚が知らない相続人がいるケースもありますので、まずは伯母さんの出生から死亡までの戸籍謄本及び除籍謄本を取得して法定相続人の確認をすることをお勧めします。もしもご質問者が相続人ではない場合に、勝手に遺品の片付け等を行うと、相続人から後で損害賠償請求や不当利得返還請求等の請求を受ける可能性さえ出てきてしまいます。

◆相続財産の調査

　また、ご質問者が相続人であるという場合でも、遺言の有無は調査する必要があります。遺言の内容によってはご質問者に処分の可否の判断権限自体がない場合があり得るからです。遺言の有無が確認できたら、負債の有無とその額を確認しましょう。資産調査も並行して行う必要がありますが、判明している大きな資産と負債額とを比較しながら、相続放棄や限定承認を行うべきかを判断していくことになります。

　ご質問のような遺品を廃棄する場合も性質上は処分行為の範疇に該当しますので、相続放棄の判断のタイミングとの関係で微妙な時期であれば、大家さんに廃棄を一定期間行わないことに納得してもらう必要も出てきます。もっとも、最終的に解除されて遅延損害金がたまっていくばかりという状態は望ましくないこと、また、弁済期が到来した債権の弁済は処分行為とは見られない可能性が高いことから、遅滞している４か月分の賃料については相続財産の中から支払った上で、一定期間の現状維持をお願いする等説明を行っていくことがよいのではないでしょうか。

60 突然、自治体から空き家の除却を求める通知が 送られてきたときはどうしたらいいの？

Q 先日、自治体から、２年前に亡くなった伯父が所有して いた建物に倒壊のおそれがあり、至急除却措置をとるよう にとの通知が届きました。伯父は独身で子供はいませんでした。 私は一人っ子で父母は既に亡くなっています。父の両親も他界し ています。どうしたらよいでしょうか？

A 完全に放置すると最終的に取壊し費用等を負担すること になるおそれがありますので、まずは通知をしてきた役所 に相談をしましょう。また、相続放棄を行っても管理責任自体は 残る点には注意が必要です。

◆空家等対策特措法

　近時、空き家が放置され、安全面で問題が生じているというケースが全 国的に社会問題となっています。そのための法律（空家等対策の推進に関 する特別措置法、所有者不明土地の利用の円滑化等に関する特別措置法） が整備されてきました。

　ご質問のケースでは、伯父さんの死亡に伴い相続人であるあなたに危険 な不動産の管理や除却を求める通知がなされた可能性が高いと考えられま す。

　自治体からの通知に対応しない場合、市町村長は、危険な空き家や景観

を損ねる空き家の調査を行い、特定空家等の認定を行うと、助言指導、勧告、勧告に係る措置命令などを行い、最終的には行政代執行という強制的な取壊しその他の措置を行うことになります（空家対策推進22⑨）。勧告がなされてしまうと、特定空家等に係る敷地について、固定資産税等の住宅用地特例の対象から除外され納税負担が増加しますので（地税349の3の2①等）、除却等を行う場合や何らかの事情がある場合には早めに自治体に連絡相談をしましょう。なお、代執行に要した費用は、国税滞納処分の例により、特定空家等の所有者又は管理者から徴収されますので注意が必要です（代執5）。

◆**相続放棄により空き家管理の責任から逃れ得るか**

　また、相続放棄をしても、すんなりと空き家管理の責任から免れられないという点にも注意が必要です。あなたが相続放棄をしたことにより相続人となった者に財産を引き渡すまでの間は、自己の財産と同一の注意義務で管理責任が発生します（民940①）。そのため、家庭裁判所に相続財産清算人を選任してもらうということも考えられます（民951～958の2の手続を経て民959による国庫帰属）。しかし、相続財産清算人の選任には通常は予納金が必要です。相続財産清算人において家庭裁判所の許可を得て不動産（土地）を売却できる見込みがあれば、売却代金から相続財産清算人の報酬が支弁され、当初の予納金の返還の見込みが出てきますが、そのような価値の見込める物件でなければ相続財産清算人の選任自体が難しいかもしれません。

　なお、相続放棄後に管理状態が継続している物件について第三者に損害等が発生すると最終的に損害賠償を請求される可能性（認容までされるかは状況によります。）も残ります。保険もかけられない状態でこのような事態になると多額の損害賠償請求を自腹で負担することにもなりかねませんので、物件の管理は放置しないようにしましょう。

61 遺産分割の対象である不動産や非上場株式はどのように評価されるの？

Q 遺産分割の対象に不動産や非上場株式があります。評価時期や評価方法に争いがある場合、どのように評価したらよいのでしょうか？

遺産分割時点の金額で評価するのが一般的です。評価額に争いがある場合には相互に評価書を提示して、協議することになります。

◆遺産分割の場合の相続財産の評価時期について

　実務では、遺産分割の場合の相続財産の評価時期は、遺産分割時点とされています。遺産分割には相続開始時から相応に時間を要するため、相続開始時点で相続財産を評価すると、相続人間で不公平が生じるからです。もっとも、相続人間で合意ができれば、話合いにより評価の基準時をこれとは異なる時点に定めることはもちろん可能です。

◆不動産の評価方法について

　建物については固定資産評価額、土地については相続税評価額（路線価方式（土地の面する路線に付された路線価を基に、画地調整をした価額によって評価する方式）又は倍率方式を用いたもの）、又は公示価格、若しくは地価調査標準価格といった公的な評価基準があります。しかし、これらは時価（市場価格）に比べると一定の減価があるといった問題があります。

そこで、実務上は不動産業者に簡易査定を行ってもらう、又は不動産鑑定士に鑑定評価を行ってもらい、時価（市場価格）を話合いで決定していくことになります。調停手続においても家事調停委員として、専門家が関与するケースがありますが（家事248・264）、それでも解決しない場合には、鑑定人を選任し、鑑定評価を行う場合があります（家事64①、民訴212以下）。

◆非上場株式の評価方法について

　非上場株式の評価については、相続で株式を取得した株主が発行会社の経営支配力を有する同族株主等か、それ以外の株主かによりまず区分され、支配力を有しない株主については配当還元方式（年間の配当金額を一定の利率で還元して株式を評価）で評価されます（評基通188・188－2）。

　経営支配力を有する同族株主については、発行会社を総資産価額、従業員数及び取引金額により大会社、中会社、小会社に区分して、評価方法を分けることになっています。大会社については、原則として類似業種比準方式（類似業種の株価を基に、発行会社の一株当たりの配当金額、利益金額及び純資産価額（簿価）の3つで比準する評価方式）で評価します。小会社については、原則として純資産価額方式（会社の総資産や負債を原則として相続税の評価に洗い替えて、その評価した純資産の価額から負債や評価差額に対する法人税相当額を差し引いた残りの金額により評価する方式）によって評価します。中会社は、大会社と小会社の評価方法を併用して評価します（評基通178～180・185）。

　非上場株式についても、実務上は当事者が、税理士、公認会計士などの専門家に依頼して評価書を提示しますが、調停手続における専門家の関与、解決に至らない場合の流れは上記不動産と同様です。

62 おふたりさまの一方の遺産をその父が相続するときに、先行する母の相続での父の相続放棄は考慮されるの？

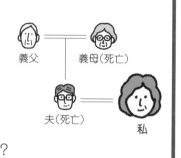

Q 夫が死亡しました。私たちに子供はおらず、義母は既に他界しているため、私と義父が共同相続人となります。義父が義母の相続の際に、相続放棄をして夫の相続分を増やしていた場合、その相続放棄は夫の相続との関係で考慮されるのでしょうか？

義父　義母（死亡）
夫（死亡）　私

相続放棄は様々な理由により行われるもので、原則として寄与分は否定されますが、事情によっては寄与分を肯定できる場合があるとされています。

◆寄与分とは

　寄与分とは、共同相続人中に、被相続人の事業に関する労務の提供又は財産上の給付、被相続人の療養看護その他の方法により、被相続人の財産の維持又は増加に特別の寄与をした者があるときは、相続財産の価額からその者の寄与分を控除したものを相続財産とみなして、相続分を算定し、算定された相続分に寄与分を加えた額をその者の相続分とすることで、特別の寄与をした者に相続財産から財産を取得させる制度です（民904の2①）。寄与分制度は共同相続人間の公平を確保することを目的としたものです。

　寄与分が認められるためには、特別の寄与である必要があり、通常の扶養の範囲内のものについては、寄与分は認められません。

　寄与分に関する協議が調わないとき、又は協議することができないとき

は、家庭裁判所は寄与をした者の請求により、寄与の時期、方法及び程度、相続財産の額その他一切の事情を考慮して寄与分を定めます（寄与分審判）（民904の2②）。

◆**先行する相続における相続放棄**

相続放棄は、他の相続人の相続分を増大させる結果をもたらすものの、これを目的とする行為ではなく、また、先行相続において相続放棄がされたとしても、その理由又は動機には様々なものがあり得るため（例えば、被相続人の家業を承継することを嫌ったり、生前贈与を受けているために具体的相続分がなかったような場合もあり得ます。）、原則として、寄与分を否定することが相当ですが、①先行相続における共同相続の類型、②相続放棄の理由又は動機、③先行相続から後行相続までに経過した期間などを考慮して、寄与分を肯定できる場合もあるとされています（雨宮則夫・石田敏明編著『遺産相続訴訟の実務』212頁（新日本法規出版、2001））。

ご質問のケースで、寄与分が認められるか否かはケースバイケースで判断されるといわざるを得ませんが、義母の相続に関して、あなたの夫が、義父（特に義母から生前贈与を受けていない）が亡くなるまで義父の面倒を見る代わりに、義父が自己の相続分を放棄した場合に、義母に関する相続後、ひとまず義父は自立して生活していたところ、短期間で夫が突然死してしまったというケースでは、夫を被相続人とする相続において、義父の相続放棄が、夫の相続財産の増大に対する寄与として一定割合考慮される余地があるかもしれません。

63 遺留分とはなんですか?

Q　おひとりさまの父親が亡くなり、私と弟が相続人となっています。父親は財産の全てを弟に相続させるとの自筆証書遺言を作成していました。私はどのように対応すればよいのでしょうか?

A　父親の遺言が、父親の判断能力がないときに作成されたものであるならば、遺言の効力を争う余地があります。そのような事情がないときは、遺留分侵害額請求を行うことが考えられます。

◆遺言の効力

　遺言者の最終意思の表示である遺言がある場合には、その内容は法定の相続分の定め等に優先し、相続人は遺言に拘束されることになります。しかし、遺言に際して遺言者が認知症を発症していたなど、判断能力が問題になる場合は遺言の有効性が問題となります。自筆証書遺言の作成当時、父親の認知能力に問題はなかったかについて念のため確認する必要があります。

◆遺留分、遺留分の額について

　遺言の効力を問題にしない、遺言は有効であると認める場合には、遺留分の問題となります。

　遺留分とは、被相続人の遺産について、兄弟姉妹を除く法定相続人、す

なわち被相続人の父母、配偶者、子供に保障された最低限の取り分です（民1042①）。ご質問のケースでは、母親（配偶者）は既に死亡していることから、子供が遺留分権利者となります。

　遺留分の額は、遺留分を算定するための財産の価額に２分の１（被相続人の父母が相続人である場合には３分の１となります。）を乗じた額に、共同相続人各自の相続分を乗じて算定します（民1042①）。ご質問の場合には、相続人は子供２人であるため、上記遺留分率２分の１に法定相続分の２分の１を乗じ、姉であるあなたには４分の１の遺留分があることになります。

　そして、遺留分を算定するための財産の価額は、被相続人が相続開始の時において有した財産の価額にその贈与した財産の価額を加えた額から債務の全額を控除した額とされています（民1043①）（生前贈与があった場合の処理についてはQ64参照）。

◆遺留分侵害額請求とは

　あなたと弟さんに対して父親から特段生前贈与がなかったのだとすると、あなたは父親の相続開始時の財産（相続債務は控除します。）に対して４分の１の遺留分を有していることから、弟さんに全財産を相続させるとの遺言によって、あなたの遺留分が侵害されることとなります。この場合、あなたは、遺留分を侵害している弟さんに対して、遺留分侵害額に相当する金銭の支払を請求することができます（遺留分侵害額請求権といいます（民1046①）。）。

　遺留分権利者には当然に遺留分が認められるのではなく、このように権利行使をする旨の意思表示が必要です。また、この遺留分侵害額請求は、父親の死亡及び遺言の存在を知った時から１年以内に、侵害者である弟さんに対してしなければならないことに注意が必要です（民1048）。

64 生前に贈与があった場合の遺留分の考え方はどのようになるの？

Q おひとりさまの父親が亡くなり、私と弟が相続人となっています。父親は弟に生前贈与を行っており、財産の全てを弟に相続させるとの遺言も作成していました。遺留分の考え方はどのようになりますか？

A 父親の弟に対する生前贈与を遺留分の算定の基礎となる財産に加算し、遺留分侵害額を計算することになります。

◆**相続人に生前贈与があった場合の遺留分の考え方**

　民法は、遺留分を算定するための財産の価額について、被相続人が相続開始の時において有した財産の価額にその贈与した財産を加えた額から債務の全額を控除した金額と定めています（民1043①）。

　相続人に対する贈与については、相続開始前10年間にしたもので、かつ、それが婚姻若しくは養子縁組のため又は生計の資本として受けた贈与といえる場合に、その価額の限度で算入されることになります（民1044③）。いわゆる特別受益といえる場合が該当します。例えば、弟が自宅を取得するために父親が金銭を贈与した場合、父親が弟に事業資金を贈与した場合には特別受益に該当します。単なる生活費の支払にとどまるものであれば、扶養の範囲であるといえ、特別受益には該当しません。

弟への生前贈与が、父親の相続開始（死亡）より10年以内に行われたもので、かつそれが特別受益に該当する場合には、生前贈与の価額（例えば600万円）を相続開始時の財産の価額（例えば3,000万円）に加算し、兄の遺留分の割合（4分の1。Q63参照）を乗じて、兄の遺留分侵害額（900万円）を算定し、兄はそれに相当する金銭を弟に請求することができます。

◆相続人以外の第三者への贈与が行われていた場合

　ご質問のケースとは離れますが、仮に弟ではなく、第三者に対して父親から生前贈与が行われていた場合には、相続開始前の1年間にしたものに限り、被相続人が相続開始時に有した財産の価額に加えられ、それに基づき遺留分が算定されることになります（民1044①）。もっとも、当事者双方が遺留分権利者に損害を加えることを知って贈与をしたときは、1年前の日より前に行った贈与についても、被相続人が相続開始時に有した財産に加算されることになります（民1044①）。

◆贈与の価額の算定時期等について

　相続開始よりだいぶ前に贈与がなされている場合には、例えば贈与された不動産が処分された、あるいは贈与時点より価額が上昇した又は下落したといった場合が想定されます。民法は、このように受贈者の行為によって、目的である財産が滅失し、又はその価額の増減があったときであっても、贈与の価額は、相続開始の時においてなお原状のままであるものとみなしてこれを定めるとしています（民1044・904）。事業資金として1,000万円の贈与を受けた者が事業に失敗し、1,000万円が100万円になってしまったとしても、贈与額は1,000万円で計算するということです。そして、遺留分の侵害が具体的に発生するのは相続開始時であることから、遺留分算定の基礎となる財産の価額は相続開始時点を基準に評価することになります。

65　前妻との間に子供がいるが、今の妻に全財産を相続させる遺言をすると、どのような問題が生じるの？

Q　離婚した前妻との間に子供（A）が1人います。今の妻に全財産を相続させる公正証書遺言を行いたいと考えています。どのような問題が生じますか？

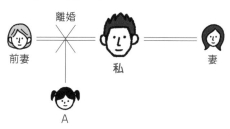

A　Aから遺留分侵害額請求を受ける可能性があります。相続財産が不動産中心である場合、Aに対して後妻は金銭を支払わなければならないため、資金手当が困難となるケースがあります。また、資産の性質（株式や投資信託等）から相続開始時から価額が下落した場合でも相続開始時点の資産評価が前提となることから、後妻に対してどのような資産を残すかは、検討が必要です。

◆前妻の子供の遺留分

　Q63の記載のとおり、遺留分とは、被相続人の遺産に対して、兄弟姉妹を除く法定相続人に保障された最低限の相続部分です。ご質問では、前妻の子供であるAが遺留分権利者ということになります。

　そして、Aの遺留分の額は、<u>被相続人が相続開始の時において有した財産の価額にその贈与した財産を加えた額から債務額を控除した金額の4分の1となります</u>（民1042・1043①）（2分の1の遺留分に前妻の子の法定相続

分２分の１を乗じます。）。したがって、Ａは、被相続人による特段の生前贈与がなければ、相続開始時に被相続人の負担している債務は除かれるものの、相続開始時に有していた財産の価額の４分の１相当額の金銭の支払を請求する権利（遺留分侵害額請求権）があるということになります。

◆相続財産の内容から注意すべき内容

　相続開始時に被相続人の有していた財産の価額は、相続開始時点で評価されます（Q63参照）。あなたの相続財産が不動産中心で、預金等の金融資産がわずかである場合でも、妻は、相続開始時の不動産の評価に基づきその４分の１に相当する金額を、Ａに支払わなければなりません。妻自身に流動性の高い預金などの資産がなければ、あなたから相続した不動産を売却して、Ａに対する支払資金を用意しなければならない事態も想定されます。

　また、あなたの相続財産が上場株式や、投資信託等の金融商品が中心である場合、景気の動向や市場の変化等により、上場株式や金融商品の評価額が相続開始時から目減りしてしまう可能性もあります。その場合でも、遺留分の算定の基礎となる相続開始時に有していた財産の価額の評価は、相続開始時の評価で行うこととなります（Ａとの間で合意が成立すれば評価時点を変更することは可能です。）。

　金銭を準備できない場合に備えて、受遺者（ご質問のケースでは、今の妻）等は、裁判所に対して金銭債務の支払について相当の期限の許与を求めることができるとされているものの（民1047⑤）、遺言により妻に相続させる相続財産の内容は、後に、Ａに対応することになる妻に配慮して検討する必要があるでしょう。

66 遺留分があるはずなのに相手方が支払に応じて くれない。どうすればいいの？

Q おひとりさまの父親が亡くなり、私と弟が相続人となっています（母親は既に他界）。父親は財産の全てを弟に相続させるとの公正証書遺言を作成していました。私は弟に対して遺留分相当額のお金を支払うよう請求していますが、弟は応じてくれません。どうすればよいでしょうか？

A 弁護士に委任するなどして、まずは当事者間の交渉で解決できるかを探りましょう。遺留分侵害額請求は金銭の支払を求めるものですが、場合によっては相続した不動産等の現物によって弁済に代えることも考えられます。

◆遺留分侵害額請求権の行使

遺留分侵害額請求の意思表示をすることによって、遺留分侵害額に相当する金銭の支払を請求することができます（民1046①）。遺留分侵害額請求権の行使は、訴え提起の方法によることを必要としません。自ら遺留分を請求したにもかかわらず、相手方が交渉に応じない、相手方との協議がまとまらないという場合には、弁護士に委任して、代理人弁護士名で相手方に対し遺留分侵害額請求を行うことが考えられます。

なお、遺留分侵害額請求権は、遺留分権利者が、被相続人の死亡及び遺

留分を侵害する遺言等の存在を知った時から１年以内に権利を行使（意思表示）しないと権利が時効で消滅してしまいます（民1048）ので注意してください（遺言等が遺留分を侵害していることを認識していることが必要ですが、仮にこれを認識していない場合でも相続開始から10年経過すると権利は消滅します。）。権利を行使するか否かについて、遺留分権利者としては早期に決断する必要があります。

　また、上記遺留分侵害額請求権の行使により生じた、遺留分権利者に対する遺留分侵害額に相当する金銭債権の支払請求権は、５年間の消滅時効にかかります（民166①一）。

◆現物での弁済等

　弁護士に遺留分侵害額請求権の行使を委任しても、相手方が様々な事情で金銭の支払に応じない場合が想定されます。仮に支払に応じない理由が、不動産などの固定資産が主たるもので金銭を用意することができないというような場合には、金銭の支払での解決にこだわらずに、両者の合意により現物（例：相続した不動産等）をもって弁済に代えることを選択することも可能です。

◆法的手段の検討

　交渉により解決できなければ、裁判所を通じた解決を検討することになります。まずは家庭裁判所に対して遺留分侵害額請求調停の申立てを行い（家事244）、調停手続を経てもなお解決しない場合には、地方裁判所又は簡易裁判所に対して遺留分侵害額請求訴訟を提起することになります（民訴５十四）（Q68参照）。

67　遺留分侵害額請求をしたところ、相続財産のほとんどが不動産だった場合、どのように評価するの？

Q　おひとりさまの父親が財産の全てを弟に相続させるとの公正証書遺言を残して亡くなりました。私と弟が相続人であるため、弟に対して私の遺留分相当額のお金を支払うよう請求していますが、相続財産のほとんどは不動産です。どのように解決したらよいでしょうか？

A　不動産については、相続開始時点の時価で評価するのが一般的です。評価額に争いがある場合には相互に評価書を提示して、協議することになります。

◆遺留分侵害額請求の場合の相続財産の評価時期について

　遺留分侵害額請求権を行使した場合の、遺留分を算定するための財産の価額の評価時期は、相続開始時です。遺留分が具体的に侵害されるのは、相続開始時であることから、その時点を基準にして時価（市場価格）評価を行います。

　これに対し、遺産分割の場合は、遺産を分割する時点で評価することが一般的とされていますので注意が必要です。遺産分割には相続開始時から相応に時間を要するため、相続開始時点で相続財産を評価すると、相続人

間で不公平が生じるからです（Q61参照）。

　もっとも、遺留分侵害額請求、遺産分割の場合のいずれについても、当事者間で合意ができれば、話合いにより評価の基準時を定めることは可能です。

◆**不動産の評価方法について**

　建物については固定資産評価額、土地については路線価方式（土地の面する路線に付された路線価を基に、画地調整をした価額によって評価する方式）若しくは倍率方式を用いた相続税評価額、又は公示価格、若しくは地価調査標準価格といった公的な評価基準がありますが、時価（市場価格）に比べると一定の減価があるといった問題があります。

　そこで、実務上は不動産業者に簡易査定を行ってもらい時価評価を行う、又は私的に不動産鑑定士に鑑定評価を行ってもらい、時価（市場価格）について話合いで解決することになります。例えば、当事者双方が、各々鑑定評価を行い、それぞれが提示した時価評価額の中間額をもって時価評価額とするといった合意方法があります。

　話合いで解決に至らず、遺留分侵害額請求に関して遺留分侵害額請求調停の申立てを行う場合には（Q68参照）、家事調停委員として、専門家が関与するケースがあります（家事248・264）。

　遺留分侵害額調停での話合いがまとまらず、遺留分侵害額請求訴訟を提起する場合も（Q68参照）、不動産の時価評価について争いがあり、評価額について専門家の判断が必要な場合には、裁判所が鑑定人を選任して鑑定評価が行われる場合があります（民訴212以下）。

68 提示された遺留分の金額について納得がいかない場合、裁判所を通じた解決方法はどのようなものがあるの？

Q おひとりさまの父親が財産の全てを弟に相続させるとの公正証書遺言を残して亡くなりました。私と弟が相続人なのですが、弟から示された遺留分の金額に納得がいきません。何か対処方法はあるでしょうか？

A 弟に対して遺留分侵害額の請求調停の申立てを行い、それでも話合いがまとまらない場合には、その後に遺留分侵害額請求訴訟の提起を行うことができます（調停前置主義）。

◆遺留分侵害額について協議が成立しない場合

遺留分侵害額について、当事者間で協議ができない場合、又は協議によって解決しない場合、相手方の住所地を管轄する家庭裁判所又は当事者が合意して定める家庭裁判所に対して遺留分侵害額の請求調停を申し立てることができます（家事244・245）。

遺留分権利者は、遺留分侵害額の請求について、「訴え提起」もできるのですが、家庭裁判所による「調停」を行うことのできる事件については、「調停前置主義」といって、地方裁判所又は簡易裁判所へ訴え提起する前

に、まずは家庭裁判所に対して調停の申立てを行わなければなりません（家事257①）。

調停手続は、調停委員会が当事者双方から具体的な事情を聴き、当事者から提出された資料を確認したり、必要に応じて資料等の提出を求めるなどして、解決案を示したり、双方の調整を行うなどして、当事者の話合いによる解決を目指すものです。

なお、遺産分割調停事件と異なり、遺留分侵害額請求調停事件は、家事審判事項とはされていないため、調停手続で話合いがまとまらない場合でも、家事審判手続には移行しません。したがって、<u>調停不成立になった場合には、遺留分権利者は遺留分侵害額請求訴訟を提起</u>する必要があります。

また、遺留分侵害額請求は、相手方に対する請求の意思表示が必要ですが（それが相手方に到達していることが必要です。）、調停手続では、訴訟手続と異なり裁判所による送達手続が行われないことから、別途遺留分侵害額請求の意思表示を行ったことを示す内容証明郵便の送付や、それが到達したことを示す配達証明が必要となります。遺留分侵害額の請求の調停申立書を裁判所に提出するだけでは、相手方への到達が記録に残らず、遺留分侵害額請求を行ったことにはならないことに注意が必要です。

◆遺留分侵害額請求訴訟の提起

遺留分侵害額請求については、訴えを提起することもできます。

上記の家事調停手続で話合いがまとまらない場合は、相続開始時における被相続人の所在地を管轄する地方裁判所又は簡易裁判所に訴えを提起することができます（民訴5十四）。なお、地方裁判所か簡易裁判所かの選択は、請求額によります。簡易裁判所は140万円以下の請求の場合に選択します（裁所33①一）。

69 おひとりさまの兄の財産を他の兄弟が使い込んでいたようだが、どう調べたらいいの？

Q 　　介護施設で暮らしていたおひとりさまの兄がガンになり、先日入院先で亡くなりました。どうも兄の財産を他の兄弟が使い込んでいたようなのですが、どのように調べたらよいでしょうか？

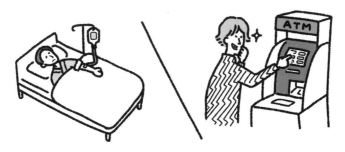

A 　　まずは金融機関に対して取引履歴開示請求を行いましょう。併せて、入院先から医療関連の記録、介護施設やケアマネジャーから介護関連の記録を取り寄せ、入出金の内容を検討する必要があります。

◆金融機関に対する取引履歴の開示請求

　相続人であれば、一般的には単独で故人の利用していた金融機関の取引口座の取引履歴の開示請求を行うことができます。通常は10年分程度が開示対象となりますので、開示された取引履歴に基づき不審な払戻しがないか検討することになります。その際に、もし金融機関から開示が得られるのであれば、併せて払戻請求書の写しの提供を受けると、本人による払戻請求ではないことが判明することもあります。

◆医療記録、介護記録との照合

　兄弟が使い込んでいたかどうかは、結局、その払戻しが本人の意思に基

づいて行われたものか否かによります。そのため、亡くなった兄の医療関連の記録、介護記録等から、問題となっている払戻し当時の本人の状況を調査する必要があります。例えば、医療記録や、介護記録等から、払戻日当時の本人の所在場所が判明し、当日には自ら金融機関には行けないはずであるとか、そもそも払戻日当時には、金融機関において引出し行為ができる管理能力がなかったはずといったことを検証することになります。

　また、介護記録の開示請求をすると、ケアマネジャーなどが作成した介護記録のほか、介護サービスの利用状況、施設利用のための契約書、介護サービス利用に関する契約書の開示を受けられる場合があります。それにより、当時一月当たりに本人が支払をすべき対象や金額が判明し、それ以外の引出しや、急に出金が増えている場合には、本人の生活維持のためのものではない引出しであったことが推測できる場合があります。

　併せて、所管する役所に対して、本人の要介護認定通知書や要介護認定資料等の本人の介護認定に関する資料の開示を行うことで、本人の要介護状態や、本人の自己の財産に対する管理能力、本人のために財産管理を行っていたのは誰であったかということが判明する場合があります。介護施設から開示された介護記録と、上記の要介護認定に関する資料に基づき、本人に財産管理能力がないと認められる状況での払戻しは、本人の意思に基づくものではないと推測できる場合があります。

◆文書送付嘱託の申立て

　なお、上記の介護記録や、要介護認定に関する記録（場合によっては金融機関の取引履歴も）については、相続人全員の同意がなければ開示できないと対応されてしまう場合もあります。その場合には、訴訟手続で、裁判所を通じて開示を求めるべく、文書送付嘱託の申立て（民訴226）等を行う必要があります。

70　調査の結果、おひとりさまの兄の財産を他の兄弟が使い込んでいたのだが、どうすれば取り戻せるの？

Q おひとりさまの兄の財産を生前、他の兄弟が使い込んでいました。どのようにすれば取り戻せるのでしょうか？

A 使い込んでいた兄弟に対して、不当利得返還請求訴訟又は不法行為に基づく損害賠償請求訴訟を管轄の地方裁判所に提起することになります。遺産分割調停手続が既に進行している場合には、その中で指摘することはできますが、使い込んでいたと思われる兄弟が否定する場合には、訴えを提起するほかありません。

◆遺産分割調停での取扱い

　遺産分割調停は、当事者間に遺産の範囲（ある財産が遺産かどうか）について争いがないことを前提に、話合いにより解決を図る制度です。したがって、使途不明金がある場合に、それを調停手続で解決することは困難なことが多いです。もっとも、使途不明の引出しを特定できる場合には、調停手続の中で、引き出した兄弟に対し、使途の説明を求めることはできます。ここで納得できる説明がない場合には、使途不明金については別途訴訟を検討せざるを得ません。

　一方で、金銭を引き出した兄弟が、本人（被相続人）からの贈与や本人

のための正当な支出であったと説明し、説明を受けた側（あなた）がそれを認めた場合には、遺産の範囲に争いはありませんので、遺産分割手続が進められます。前者は特別受益の問題となります。また、引き出した兄弟が使い込みに正当な理由がないことを自ら認めた場合には、使い込んだ金銭を含めて遺産であるとして遺産の範囲を確定し、それを前提に遺産分割調停手続を行うことになります。

　なお、使途不明金が、多数回、多額にわたる場合には、合理的で納得のいく説明が難しいため、遺産分割調停手続では解決を図ることは馴染まず、最初から兄弟に対して訴え提起を検討せざるを得ないのではないかと思います。

◆使途不明金に関する訴訟の特徴

　使途不明金に関して訴えを提起する場合、預金の管理をしていたのは誰か（ご質問では亡くなった兄であるのか、他の兄弟か）、なぜ引き出したのか、引き出した金銭の使途は何かが問題となります。

　死亡した兄の預金を兄弟の誰かが管理していた場合、親族であるため、厳密に領収書を保管していないということも想定されます。とはいえ、大きな支出があれば、領収書がないのは不自然であることから、引き出した兄弟が使途について説得力ある説明をしなければなりません。また、仮に引出し権限がなくても、引き出した金銭が、亡くなった兄のために使用されていれば、結果的には兄に損失が発生していないことになります。

　いずれにしても、使途不明金の返還を請求する相続人は、個別の引出しに関して疑問点を指摘し、それに対し引出者が、引出し権限の有無、引き出した理由と使途を説明し、更に請求者が反論を行った上で、引き出した側の説明が合理的であるか否かで、使い込みか否かが判断されることになります。しかし、兄は既に亡くなってしまっていることから、裁判所を説得するには双方ともに相当な労力が必要となるケースが多いです。

71 相続税はどのように計算するの?

Q 私の相続が発生したときに相続税がどれくらいかかるか知りたいと思っています。相続税の計算の仕方について、教えてください。

A 相続税は被相続人の財産総額から葬式費用、借入金などの債務を差し引いた額を基に計算されます。法定相続人の数や財産の分け方などにより相続税は変わります。

◆相続税の計算方法

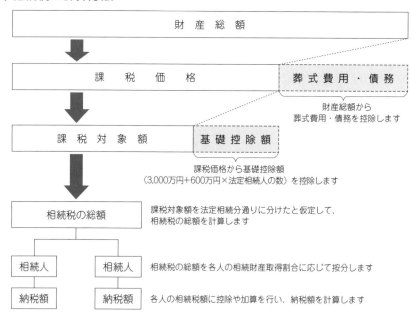

財 産 総 額

課 税 価 格 / 葬 式 費 用 ・ 債 務
財産総額から葬式費用・債務を控除します

課 税 対 象 額 / 基 礎 控 除 額
課税価格から基礎控除額
(3,000万円+600万円×法定相続人の数)を控除します

相続税の総額
課税対象額を法定相続分通りに分けたと仮定して、相続税の総額を計算します

相続人 / 相続人
相続税の総額を各人の相続財産取得割合に応じて按分します

納税額 / 納税額
各人の相続税額に控除や加算を行い、納税額を計算します

（1）　課税価格を算出する（相税11〜13）

　　　財産総額から葬式費用・債務を控除して算出します。

（2）　課税対象額を算出する（相税15）

① 　基礎控除額を算出する

　　3,000万円 ＋ 600万円 × 法定相続人の数

② 　課税価格から基礎控除額を控除する

（3）　相続税の総額を算出する（相税16）

① 　課税対象額を法定相続分で按分する

② 　下記速算表を適用し、①の金額に該当の税率を掛け控除額を引く

相続税の速算表

法定相続分に応ずる取得金額	税　率	控除額
1,000万円以下	10%	なし
1,000万円超〜3,000万円以下	15%	50万円
3,000万円超〜5,000万円以下	20%	200万円
5,000万円超〜1億円以下	30%	700万円
1億円超〜2億円以下	40%	1,700万円
2億円超〜3億円以下	45%	2,700万円
3億円超〜6億円以下	50%	4,200万円
6億円超	55%	7,200万円

③ 　各人の税額を合計し、相続税の総額を算出する

（4）　各相続人の納税額を算出する（相税17〜20の2）

① 　相続税の総額を各人の相続財産取得割合で按分する

② 　税額控除や加算を行い、納税額を算出する

税額控除の一例

配偶者の税額軽減	配偶者は、法定相続分か1億6,000万円のどちらか多い金額までは無税
未成年者控除	未成年者は、「10万円×(18歳−相続開始時の相続人の年齢)」を控除

障害者控除	障害者は、「10万円×(85歳－相続開始時の相続人の年齢)」を控除
相次相続控除	10年以内に相次いで相続があった場合は、前回の相続税の一定割合を控除

◆計算例

【相続財産が2億円、葬式費用・債務が2,000万円、法定相続人が配偶者と弟の場合】

（1） 課税価格を算出する

2億円（財産総額） － 2,000万円（葬式費用・債務） ＝ 1億8,000万円

（2） 課税対象額を算出する

① 基礎控除額を算出する

3,000万円 ＋ 600万円 × 2人（法定相続人の数） ＝ 4,200万円

② 課税価格から基礎控除額を控除する

1億8,000万円（課税価格） － 4,200万円（基礎控除額）
＝ 1億3,800万円（課税対象額）

（3） 相続税の総額を算出する

① 課税対象額を法定相続分で按分する

配偶者：1億3,800万円 × 3／4 ＝ 1億350万円（千円未満切捨）
弟 ：1億3,800万円 × 1／4 ＝ 3,450万円（千円未満切捨）

② 下記の速算表を使い法定相続分で按分した金額に応じた税率を掛け、控除額を引く

配偶者：1億350万円 × 40%（税率） － 1,700万円（控除額） ＝ 2,440万円
弟 ： 3,450万円 × 20%（税率） － 200万円（控除額） ＝ 490万円

相続税の速算表

法定相続分に応ずる取得金額	税率	控除額	
1,000万円以下	10%	なし	
1,000万円超～3,000万円以下	15%	50万円	
3,000万円超～5,000万円以下	20%	200万円	←3,450万円に対応
5,000万円超～1億円以下	30%	700万円	

1億円超～2億円以下	40%	1,700万円	←1億350万円に対応
2億円超～3億円以下	45%	2,700万円
3億円超～6億円以下	50%	4,200万円
6億円超	55%	7,200万円

③　それぞれの税額を合計し、相続税の総額を算出する

2,440万円 ＋ 490万円 ＝ 2,930万円（相続税の総額）

（4）　各相続人の納税額を算出する

課税価格の金額（1億8,000万円）を配偶者が1億3,500万円、弟が4,500万円を実際に相続した場合、以下のように計算されます。

①　相続税の総額を実際の相続割合で按分する

配偶者：2,930万円 × 1億3,500万円／1億8,000万円 ＝ 2,197.5万円
　弟　：2,930万円 × 　　4,500万円／1億8,000万円 ＝ 　732.5万円

②　税額控除を適用し、最終的な納税額を算出する

配偶者：2,197.5万円 － 2,197.5万円（注1）＝ 　　0円
　弟　： 　732.5万円 ＋ 　146.5万円（注2）＝ 879万円

（注1）　配偶者の税額軽減

相続税の総額	×	課税価格の合計額のうち配偶者の法定相続分相当額（1億6,000万円に満たない場合には1億6,000万円）と配偶者の実際取得額とのいずれか少ない方の金額
		課税価格の合計額

2,930万円 × 1億3,500万円（※）／1億8,000万円 ＝ 2,197.5万円

※1億8,000万円 × 3／4 ＝ 1億3,500万円（法定相続分）
　 ＝ 1億3,500万円（実際取得分）∴1億3,500万円

（注2）　2割加算

配偶者と一親等以内の血族（子供や両親）以外の人が財産をもらった場合、相続税は1.2倍で計算されます。

732.5万円 × 20％ ＝ 146.5万円

72 相続税の申告・納税はいつまでに行えばいいの？

Q おふたりさまで夫が亡くなり、義弟との遺産分割協議がまとまってホッとしているのですが、この後に相続税の手続が必要かもしれないと聞きました。相続税の申告や納税の手続について教えてください。

A 課税価格の合計額が基礎控除額を上回る場合には相続税の申告が必要となります。申告、納税いずれも相続の開始があったことを知った日の翌日から10か月以内に行わなければなりません。

◆基礎控除を下回る場合は申告不要

課税価格の合計額（取得財産の価額－債務・葬式費用の金額）が遺産に係る基礎控除額を下回る場合、若しくは上回る場合であっても自動的に適用される「障害者控除」「未成年者控除」などによって相続税額が0となる場合は、申告は不要です。

これらに該当しない場合は、相続の開始があったことを知った日（＝被相続人が亡くなった日）の翌日から10か月以内に相続税の申告をする必要

があります（相税27①）。

　申告が遅れた場合は無申告加算税のペナルティが課されますので、注意が必要です（税通66）。

◆配偶者の税額軽減や小規模宅地の特例を適用する場合は要注意

　ただし、相続税額が0となる場合であっても、以下の特例を適用しているときは相続税の申告が必要です。

① 配偶者の税額軽減

　　配偶者については、法定相続分又は1億6,000万円のうち、いずれか多い金額を配偶者本人の相続税額から控除できます（相税19の2①③）。

② 小規模宅地の特例

　　事業や居住の用に供していた宅地については、一定の要件を満たす場合には一定面積まで財産評価額を80％若しくは50％減額できます（措法69の4①⑦）。

　相続税額が0だからといって、うっかり申告を失念しないよう注意しましょう。

◆納税は亡くなってから10か月以内に

　相続税の納税は、申告と同様に相続の開始があったことを知った日の翌日から10か月以内に行う必要があります（相税33）。

　納税が遅れた場合は延滞税のペナルティが課されてしまいますので、期限はきちんと守るようにしましょう（税通60①②）。

　なお、納税は原則として現金で一括納付する必要があります。

73 おひとりさま・おふたりさまの相続税で特に気を付けておくことは？

Q
　　　私は結婚歴はありますが、現在はおひとりさまで子供も
いません。私が亡くなったときの相続税について気を付け
ておくことはあるでしょうか？

　　　おひとりさま・おふたりさまの場合、相続税で特別留意
することはありませんが生前対策が重要になってきます。

◆おひとりさま・おふたりさまの相続税

　相続税はQ71のとおり、相続人や分割の状況によって計算しますので、
おひとりさま・おふたりさまだからといって、特別に留意することはあり
ません。

　その前提のもと、実務でおひとりさま・おふたりさまの相続で発生しが
ちなケースを挙げてみます。

◆おふたりさまの場合

　遺言がなければ、残された配偶者と兄弟姉妹で遺産分割協議をし、相続
税申告をすることになります。しかし、親族の関係性が疎遠であったり絶
縁状態にある親族がいる場合等では、話合いや申告を一緒に行うのが難し
いケースもあります。申告を一緒に行うのが難しい場合には、相続人がそ

れぞれ計算をして別々に申告をすることになります。しかし、別々に申告をすると各相続人の申告内容が一致しない場合があり、税務署による税務調査の対象となるというケースがあります。

　また、相続人がそれぞれ別の税理士に申告を依頼すると、その人数だけ報酬が必要になり報酬合計額が高くなるというデメリットも生じます。

◆おひとりさまの場合

　おふたりさまの場合は、通常配偶者が中心となって申告手続を進めることになると思いますが、おひとりさまの場合で遺言がないときは、相続人が兄弟姉妹になり相続人の人数が増える傾向にあります。人数が増えるとなかなか遺産分割協議がまとまらず、相続税申告を共同で行うのに時間がかかることもあります。そうすると申告期限の10か月はあっという間に過ぎて、未分割での申告や無申告となってしまうケースも少なくありません（Q72参照）。

◆おひとりさま・おふたりさまも生前対策が重要

　ご自身が考えられるケースを想定して、遺言を書く、又は推定相続人の方と事前に話をしておくなど、生前の対策をすることがスムーズな相続税申告につながります。

74 税金は相続税だけを考えていればいいの？

Q 私の相続人は妻のみです。また、私は賃貸不動産オーナーで毎年所得税の確定申告をしています。

私が亡くなった場合、妻が払う税金は相続税だけを考えていればよいのでしょうか。相続税の他に妻が払う税金はあるのでしょうか？

A 相続税の他に所得税がかかる場合があります。

その場合には相続税申告の他に、準確定申告が必要になります。

◆相続税以外に所得税がかかる場合とは

ご質問のように、被相続人に不動産の収入や個人事業の収入がある場合には、相続税の他に所得税がかかる場合があります。所得税がかかる場合には、相続税申告とは別に準確定申告を行う必要があります（所税124）。

準確定申告とは、亡くなった方の確定申告のことです。相続人は亡くなったことを知った日の翌日から4か月以内に準確定申告と納税を行う必要があります。また、準確定申告は所得が20万円以下の場合は不要になります。ただし、所得が20万円を超えても以下に当てはまる場合には、準確定申告が不要になります（所税121）。

① 年金収入が400万円以下でかつ他の所得が20万円以下

② 故人が給与取得者（会社員、パート、アルバイト）であり、給与収入が１か所からのみで、かつ他の所得が20万円以下

◆準確定申告の注意点

① 期限が短い

　準確定申告は、<u>亡くなったことを知った日の翌日から４か月以内に申告と納付をしなくてはなりません</u>ので、亡くなった後の手続に追われて期限を過ぎてしまうことも少なくありません。また、相続人が被相続人の申告をするので、資料の収集に時間がかかる場合があります。

　申告期限内に申告できなかった場合には、本来の所得税以外に無申告加算税や延滞税が課されてしまいます（税通64・66）。

② 不要の場合でも申告すると還付されることがある

　給与収入のみで準確定申告が不要の方も、医療費が多い場合やふるさと納税をしている場合など所得控除が受けられるときは申告をすると税金が返ってくることがあります。税金が返ってくる場合には準確定申告をした方がお得になりますが、返ってきた税金は相続財産になり相続税がかかるので、申告漏れには注意してください。

75 再婚同士のおふたりさまの相続で互いに前婚の 子供がいる場合に注意することは？

Q 　私も妻も再婚で前のパートナーとの間に子供がいます。
　私の子供は前妻が引き取ったため、今の妻と、子供は会ったことがありません。妻の子は結婚しており別に世帯があります。私たちのような場合に、相続税で注意することはあるのでしょうか？

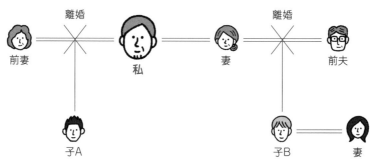

A 　申告期限内に申告できない場合には一時的に高額な相続税の支払が必要になる場合があります。

◆相続税の申告期限に注意

　ご質問者が先に亡くなったときは、妻と子Ａが法定相続人になります。遺産分割協議は相続人全員の合意が必要になるので、相続人間で揉めた場合、遺産分割協議が長引く可能性があります。

　相続税の申告期限は、相続の発生の翌日から10か月以内ですが（相税27）、この申告期限内に遺産分割協議の合意ができない場合は、各相続人が法定相続分で相続したと仮定して相続税を計算し、申告・納付をすることになります。この仮の計算の際には、配偶者の税額軽減（Q72参照）や小規模宅地の特例（Q72参照）といった優遇措置が使えないので、本来の納税額

よりも高額な納税額になる場合があります。

　ただし、その仮の計算を申告する際に「申告期限３年以内の分割見込書」を一緒に添付することで、遺産分割協議が合意した後に、自身の相続分に対し、各特例を適用した相続税を計算し直し、その金額が、既納付額より下回っている場合に更正の請求を行い、税金の還付を受けることができます（相税19の２②、措法69の４④）。相続人間で揉めることが予想される場合、後に還付を受ける手段があるとはいえ、一時的に多額の納税資金が必要になりますし、労力もかかりますので、できるだけ遺言書を残しておくなど対策されることをお勧めします。

◆二次相続では相続税が高額になることも

　ご質問者の場合、ご本人が亡くなったとき（一次相続）には配偶者の税額軽減や自宅を妻が相続する場合には小規模宅地の特例が使えます。

　しかし、妻が亡くなったとき（二次相続）には、相続人が子Ｂのみになるので配偶者の税額軽減が使えず、また子が別に世帯を有している場合には、小規模宅地の特例が使えない可能性が高いです。さらに、一次相続では相続人が２人に対して、二次相続では相続人が１人なので、基礎控除額（Q71参照）が下がります。このように二次相続のとき相続税が高額になる場合が多いので、注意が必要です。

76 事実婚の妻が遺言により取得した遺産にかかる 相続税はどうなるの？

Q 　私は両親や兄弟はいませんが、事実婚の妻がいます。私の死後に財産を事実婚の妻に全て渡すための遺言書作成は済んでいますが、事実婚であるということが相続税に何か影響を与えるのでしょうか？

A 　相続税の計算において、事実婚では法律婚の配偶者が受けられる各種特例や控除が使えません。
　事実婚と法律婚では相続税額に大きな差が出てきます。

◆事実婚だと相続税の計算ではデメリットばかり

　ご質問のような事実婚の関係の場合、法律婚の夫婦（相続人）が受けられる各種特例や控除が使えません。

① 配偶者の税額軽減が受けられない

　配偶者が相続した財産のうち法定相続分又は1億6,000万円までは相続税がかかりません（相税19の2①③）。ただし、配偶者の税額軽減を受けられるのは法律婚の配偶者に限られるため事実婚の妻が受け取った財産は軽減の対象とはならず、その全てが相続税の課税対象になります。

② 小規模宅地の特例が適用できない

　被相続人の自宅や事業用地の土地評価を最大80％減額できる小規模宅地の特例がありますが、この特例を適用できるのは親族に限られるので、事実婚の妻は適用できません（措法69の4①⑦）。

③ 基礎控除が少なくなる

　事実婚の妻は法定相続人ではないので、基礎控除の人数に入りません。ご質問の場合は相続人がいないので基礎控除額は、「3,000万円（3,000万円＋600万円×０人）」になります（**Q71**参照）（相税15）。

④ 相続税が２割増しになる

　配偶者と一親等以内の血族（子供や両親）以外の人が財産をもらった場合、相続税は1.2倍で計算されます（２割加算）。この２割加算は事実婚の妻にも適用されてしまいます（相税18）。

◆事実婚の場合は相続税に注意

　事実婚の妻に財産を残す場合、たとえ何十年一緒に暮らしていたとしても、相続税の計算においては他人が財産を受け取ったのと同じ扱いになり多額の相続税がかかります。

　そこで、生前の対策としては遺言書作成だけに留まらず、相続税額試算や納税資金の検討を通じて、残された妻の生活が立ちゆくかどうかまで目途をつけておくのが肝要かと思われます。

77　事実婚の妻を受取人とした生命保険、相続税はどうなるの？

Q 　私には、事実婚の妻がいます。前妻との間に子供がいるため、私の財産は子供に相続させる予定ですが、生命保険の受取人は事実婚の妻にしています。この場合、事実婚の妻には相続税がかかるのでしょうか？

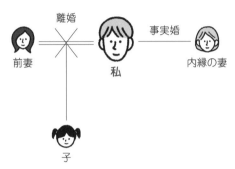

A 　死亡保険金には、みなし相続財産として相続税がかかります。また事実婚の場合には死亡保険金の非課税枠が使えません。

◆死亡保険金はみなし相続財産

　死亡保険金は基本的には相続財産とはなりませんが、「みなし相続財産」として相続税の対象となります（相税3）。

　「みなし相続財産」とは、亡くなった方の財産を直接引き継ぐのではなく、亡くなったことが要因で相続人等に引き継がれる財産になります。実質的に相続したことと同様の効果があるとされるため相続税の対象となります。

＜みなし相続財産の例＞

・生命保険契約の死亡保険金（被相続人が保険金を負担）

・死亡退職金

・生命保険の個人年金などの定期金を受け取る権利　など

　この「みなし相続財産」のうち、生命保険金と死亡退職金にはそれぞれ以下の非課税枠が設けられています（相税12①五・六）。

　500万円　×　法定相続人の数　＝　非課税枠

◆事実婚の妻が保険金の受取人になるデメリット

（1）　非課税枠が使えない

　相続人が受け取った死亡保険金は、「法定相続人の数×500万円」までの非課税枠があります。相続人であるお子様が受取人の場合は、この非課税枠が使えますが、相続人以外の事実婚の妻が受取人の場合、この非課税枠は使えません。

（2）　相続税が2割増しになる

　配偶者と一親等以内の血族（子供や両親）以外の人が財産をもらった場合、相続税は1.2倍で計算されます（2割加算）。この2割加算はみなし相続財産を相続した場合にも適用されます。

　よって、事実婚の妻が受取人になっている死亡保険金は非課税枠が使えず全額が課税対象となり、かつ、相続税も2割加算となります。

　税金面だけで考えると、保険金の受取人は相続人にして、遺言書で事実婚の妻に財産を残す方が望ましいです。

78 夫の全財産を取得した場合でも他の相続人と一緒に相続税を申告しないといけないの？

Q 私には、夫がおり、夫には疎遠になっている兄がいます。夫はまだ遺言書を残していません。

子供がいないため、夫が亡くなったときには、私と義兄が相続人として、一緒に相続税の申告をする必要があるのでしょうか？

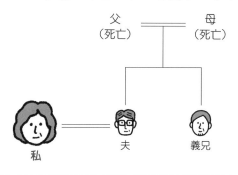

A 相続税の申告は、財産を取得した人が申告をしますので、相続人全員が申告する必要はありません。

◆申告をするのは財産を受け取る人のみ

大前提として、相続税の申告義務があるのは被相続人の遺産総額が基礎控除を超える場合です。そして、遺産総額が基礎控除を上回る場合の法定相続人で、かつ遺産を受け取った相続人に、相続税の申告義務があります。

ご質問のケースの場合、兄弟は法定相続人ですが、遺産を受け取らなければ、相続税の申告義務はありません。遺言書などにより、妻だけが遺産を受け取った場合は、妻のみに相続税の申告義務があり、疎遠になっている兄弟と一緒に申告をする必要はありません。

また、法定相続人以外で遺言等によって被相続人の遺産を受け取った人（受贈者）がいれば、その方にも相続税の申告義務が発生します。

◆死亡保険金の非課税枠などの控除も使える

　相続人が受け取った死亡保険金は、「法定相続人の数×500万円」までの非課税枠がありますが、あなたが全財産を取得する場合でも、死亡保険金の非課税枠は法定相続人分適用することができます。

　ご質問のケースですと、あなたが被相続人の死亡保険金の受取人になったときは、「法定相続人2人×500万円＝1,000万円」まで非課税になります。

　基礎控除についても同じく、遺産を取得しない法定相続人もカウントされます。

　あなたの場合ですと「3,000万円＋法定相続人2人×600万円＝4,200万円」が基礎控除額になります。

　なお、配偶者の税額の軽減（法定相続分か1億6,000万円まで非課税）によって相続税がかからない場合でも、遺産総額が基礎控除を超える場合は相続税申告期限内の申告をしないと配偶者税額の軽減が適用できないので、ご注意ください（Q72参照）。

79　おふたりさまの相続で、妻が相続するときに利用できる相続税の優遇措置はあるの？

Q　私は妻と二人暮らしで、相続人は妻と兄になるので、遺言書で全財産を妻が相続できるようにしていますが、自宅や金融資産もあるため妻が支払う相続税が高額になるのではと不安です。

　私が亡くなったときに妻が受けられる相続税の優遇措置はあるのでしょうか？

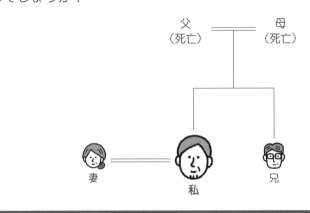

A　配偶者だけが利用できる相続税の配偶者控除があります。取得した遺産のうち1億6,000万円か法定相続分のどちらか多い金額まで相続税がかかりません。

◆配偶者控除で1億6,000万円まで非課税

　ご質問のように配偶者が遺産を取得する場合、配偶者の優遇措置として相続税の配偶者控除（配偶者の税額軽減）があります（相税19の2①③）。

　相続税の配偶者控除とは、<u>配偶者が取得する遺産額が1億6,000万円までであれば、相続税がかからない</u>制度です。

・具体的な計算例

　法定相続人が兄1人と配偶者で、遺産額が1億5,000万円の場合の配偶者控除を計算します。

　基礎控除額：3,000万円 ＋（600万円 × 2人）＝ 4,200万円
　課税対象額：1億5,000万円 － 基礎控除4,200万円 ＝ 1億800万円

　法定相続分の割合：配偶者8,100万円（3／4）、兄弟2,700万円（1／4）

　相続税総額：2,085万円

　相続税額は、遺言書により全ての財産を相続する配偶者が全額負担することになりますが、相続する財産が1億6,000万円以下ですので、配偶者控除により相続税2,085万円が控除され、配偶者の相続税額はゼロとなります。

◆相続税がゼロになる場合でも申告が必要

　配偶者の税額軽減の適用要件は以下の3つになります。

①　法律上の配偶者であること

②　相続税の申告書を提出すること

③　遺産分割が確定していること

　もっとも、配偶者控除で相続税がゼロになる場合でも、配偶者控除の適用を受けるためには申告が必要になりますのでお気を付けください。

◆二次相続の相続税に注意

　配偶者控除によって配偶者自身の相続税負担は0円になっても、その配偶者が亡くなった時には、この配偶者控除は使えないため、配偶者の相続人に課される相続税が多額になる場合があるので注意が必要です。

80 相続人が一括して相続税を払えない場合はどうすればいいの?

Q 私たちはおふたりさまです。私(夫)の主な財産は自宅と賃貸用マンションで、これらの不動産価値からして私の相続時には相続税が発生する見込みですが、その際には現金で一括納付する必要があると聞きました。手元に現預金はあまりないのですが、それでも現金で納付しなければいけないのでしょうか?

A 相続税は期限内に金銭で一括納付することが原則ですが、財産の構成によってはそれが困難なことも考えられるため、一定の要件の下で延納制度と物納制度が設けられています。

◆相続税は期限内に金銭一括納付が原則

相続税は相続の開始があったことを知った日の翌日から10か月以内に金銭で一括納付することが原則です。なお、上記期限内までに納付ができなかった場合は、期限の翌日から納付した日までの期間につき延滞税が課されてしまいます(税通64①)。

◆延納制度とは

上記のような原則がありつつも、金銭で納付することが困難なケースも考えられます。そのような場合は納付困難である金額を上限として、一定

の要件を満たしている場合には延納制度を適用することができます（相税38①）。ただし、①相続税額が10万円を超えること、②納期限までに金銭での一括納付が困難なこと、③延納税額及び利子税の額に相当する担保を提供すること（延納税額が100万円以下、かつ延納期間が３年間の場合は担保不要）、が条件となります。延納期間については、相続財産のうちに占める不動産の割合に応じて５年～20年の範囲で決定されます。また、その延納税額に対して別途利子税が課されることとなります（相税38②・52、税通64①、措法70の11・93）。

◆物納制度とは

　延納を利用しても金銭納付が困難な場合は、この金銭納付が困難な金額を上限として、一定の要件を満たしている場合には物納制度を適用することができます（相税41①）。

　ただし、物納ができる財産とその優先順位が決まっており（不動産、船舶、国債証券、上場株式等が第１順位）、相続人の都合で物納財産を決めることはできません（相税41②～⑤）。

　また、物納についてもその許可があった日までの期間について別途利子税が課されることとなります（相税53、措法93）。

◆生前から納税資金の確保を

　延納・物納といった制度があるといってもその手続は煩雑なため相続人の負担となりますし、その申請が必ず通るとも限りません。延納や物納はいざという時の手段として、できるだけ一括金銭納付できるよう早い段階から資産構成を見直しておくことをお勧めします。

81　海外に居住している相続人にも相続税はかかるの？

Q　おひとりさまの私には、弟と妹がいます。私が亡くなれば、２人が相続人になりますが、弟は５年前から海外で暮らしています。このような海外居住者であっても日本の税金である相続税がかかるのでしょうか（私も弟も日本国籍を有しています。）？

A　相続税の納税義務判定は、被相続人・相続人双方の住所地などに応じて行われます。ご質問のケースでは、あなたの相続により弟さんが取得した全財産に対して日本の相続税が課されることとなります。

◆納税義務者・課税財産の判定

　相続税の納税義務者や課税財産の範囲は、<u>相続時点における被相続人・相続人の日本国籍の有無や住所地によって判定</u>されます。判定方法をまとめると以下の表のとおりとなります（相税１の３）。

相続人　＼　被相続人		日本国内に住所有	日本国内に住所無			
			一時居住者	日本国籍有		日本国籍無
				相続開始前10年以内に日本国内に住所		
				有	無	
日本国内に住所有		国内外財産課税		今回のケース		
	国内居住在留資格者		国内財産課税	国内財産課税		
日本国内に住所無	相続開始前10年以内に日本国内に住所有					
	外国人					
	相続開始前10年以内に日本国内に住所無		国内財産課税	国内財産課税		

（表中央部：国内外財産課税）

◆ご質問のケース

　将来の被相続人であるあなたは日本国内に住所があるため、相続人である弟さんの国籍の有無や住所地にかかわらず、弟さんが相続で取得する全ての財産は相続税の課税対象となります。近年では相続税の課税逃れを防止するため、海外移住したとしても簡単には課税対象外とならない税制改正が続いていますので注意しましょう。

◆海外居住者については二重課税の可能性も

　弟さんは海外居住のため移住先の税制によっては、移住先の国においても相続税（に相当する税）が課税される可能性があり、その場合は1つの相続財産に対して二重課税となってしまいます。

　日本の相続税については、外国で納税した相続税を控除することができる外国税額控除という二重課税を排除する仕組みがありますが、重い税負担とならないよう居住地国の税制を確認しておくことも必要でしょう（相税20の2）。

82　もし甥や姪を養子に迎えたとしたら、何か相続税に影響はあるの？

Q　私は生涯おひとりさまですが、日頃いろいろと気にかけてくれている甥に全財産を譲れるよう遺言を作成しようと考えています。また、甥を私の養子に迎えることも考えているのですが、そうすると相続税にはどのような影響があるのでしょうか？

養子を迎えると基礎控除や生命保険金の非課税枠が増えるとともに2割加算の対象外となるなど、相続税に節税効果が発生します。ただし、一定の制限も設けられているため、注意が必要です。**A**

◆養子縁組によるメリット

甥を養子に迎えた場合は以下のメリットがあります。

① 基礎控除が増える

基礎控除は「3,000万円＋600万円×法定相続人の数」で計算されますので、その額が増えることになります（相税15①）。

② 生命保険金・死亡退職金の非課税枠が増える

生命保険金や死亡退職金の非課税枠は「500万円×法定相続人の数」で計算されますので、非課税枠が増えます（相税12①五・六）。

③　相続税２割加算の対象外となる

　　被相続人の一親等の血族（代襲相続人となる孫を含みます。）及び配偶者以外の人が相続により財産を取得した場合は、相続税額が２割増しになりますが、甥が養子となれば２割加算の対象外となります（相税18）。

④　相続時精算課税制度の対象となる

　　財産の早期移転を図りたいときは相続時精算課税制度の適用が考えられますが、受贈者は直系卑属であることが条件となっているため、甥は養子になることでその適用対象となります（相税21の９）。

＜相続時精算課税制度とは＞

　子や孫が2,500万円まで無税で贈与を受けられる代わりに、贈与者の相続の際にはその贈与相当額を相続財産に加算して相続税額を計算する制度です。この制度を利用して贈与を受けた不動産は小規模宅地等の特例が使えなくなるなどのデメリットもあるので、その選択は慎重に検討しましょう。

◆留意点

　相続税法上、法定相続人にカウントできる養子の人数は最大２人（実子がいる場合は１人）と上限が設けられており、無制限に節税効果を発生させることはできない仕組みになっています（相税15②）。

◆節税ありきで養子縁組するのはリスクも

　養子縁組を活用すれば一定の節税効果を発生させることが可能です。ただし、思わぬトラブル（相続による財産取得を見込んでいた兄弟との感情のもつれなど）を生ずる可能性もあります。節税は相続対策の一部にすぎず、全体を俯瞰して養子の是非を検討していきましょう。

83　おひとりさまが死後に財産の一部を住んでいる自治体へ寄付したら相続税はどうなるの？

Q　おひとりさまの私には弟がいますが、私の死後は財産の一部を生まれてからずっと住んでいる自治体へ寄付し、最後の社会貢献をしたいと考えています。

　この場合、寄付した財産は相続税の計算上、どのようになるのでしょうか？

A　自治体へ遺言により寄付した場合には、寄付した財産は相続財産に含めなくてよいことになっています。仮に弟が相続した財産を、自治体へ寄付した場合でも、一定の要件を満たすと寄付した財産は相続税の計算上、非課税となります。

◆遺言により自治体へ寄付した場合は、相続税が減少

　相続税は、相続又は遺贈により財産を取得した個人に対して課税される税金なので、自治体には課税されません。遺言により<u>自治体等へ寄付をした財産は、相続財産に含まれない</u>こととなるため、相続税は減少します（相税1の3）。

◆**相続人が相続財産を自治体へ寄付した場合も、相続税が減少**

　遺言書がなかった場合でも、相続人が故人の遺志を考え、自発的に自治体へ寄付するケースも考えられます。相続人が相続財産を相続税の申告期限までに自治体等へ寄付した場合には、次のようなメリットがあります。

①　寄付した財産については、相続税が非課税

　　寄付した財産については、相続税の計算上非課税となります（措法70①）。もっともこの規定の適用を受けるには、相続税の申告書にこの規定の適用を受ける旨を記載し、自治体からの証明書等を添付して申告しなければなりません。証明書の発行には時間を要することもありますので、相続税の申告期限に間に合うよう余裕を持って行動するとよいでしょう。

②　所得税の寄付金控除が受けられる

　　寄付した財産は、相続人の所得税の確定申告で、寄付金控除を受けることができます（所税78）。

　　所得税の寄付金控除は、寄付した金額から2,000円を控除した金額（所得の40％が上限）が所得金額から控除されます。

◆**自治体への寄付には税務上のデメリットはない**

　自治体等への寄付は、相続税が減少するという税務メリットを享受できる一方、これといった税務上のデメリットはないので、税負担を気にすることなく寄付の是非を検討することができます。

84 おひとりさまが友人に全財産を遺贈したら相続税はどうなるの？

Q おひとりさまの私には弟がいますが、両親の相続で揉めてから絶縁状態となっているため、私の相続時には財産は一切あげたくありません。私の全財産は友人にあげたいと思い、遺言書の作成を検討しています。

　税金の観点から気を付けることはありますか？

A 法定相続人以外の方が遺言により財産をもらっても相続税はかかります。遺贈を受けた人が法定相続人以外のときは、相続税額は高くなるので注意が必要です。

◆遺贈の場合は贈与税でなく相続税が課税される

　遺贈とは遺言によって財産を法定相続人以外の者に譲ることをいいます。被相続人の死亡後に遺言により財産を受け継ぐので相続税が課税されます。

　贈与税は生前に受け取った財産にかかる税金で遺贈とは関係ありませんので注意しましょう。

◆遺贈にかかる相続税の注意点

　ご質問のケースのように遺贈を受けた人が相続人以外のときは、次のよ

うな注意点があります。

① 小規模宅地の特例が適用できない

　　被相続人の自宅や事業用地の土地評価を最大80％減額できる小規模宅地の特例がありますが、この特例を適用できるのは親族に限られるので、友人は適用できません（措法69の4①⑦）。

② 相続人以外は基礎控除額の計算に入れられない

　　法定相続人は弟1人なので、基礎控除額は「3,600万円（3,000万円＋600万円×1人）」となります（Q71参照）（相税15）。

　　友人は法定相続人ではないため、基礎控除の人数に入りません。

③ 相続税が2割増しになる

　　配偶者と一親等の血族（子供や両親）以外の人が財産をもらった場合、相続税は1.2倍で計算されます（2割加算）（相税18）。

　　友人の相続税も1.2倍となります。

◆友人の承諾は得ておいた方がよい

　ある程度生前にその可能性を想定できる相続と違い、遺贈の場合は生前に想定受贈者と意思疎通をしておく必要があります。友人が喜んでくれるだろうと思って行ったことでも、友人が必ずしも同じ思いであるとは限りません。

　お互いが幸せな結末となるよう、遺贈をするに当たっては友人と事前に相談をしておいた方がよいでしょう。

85 おふたりさまで生前に妻へ居住用不動産を贈与した場合はどうなるの？

Q 結婚して25年になる妻がいます。子供がいないため遺言により全財産を妻に相続させる予定ですが、相続税対策として今から少しずつでも妻へ財産を贈与していこうと思っています。先日友人から自宅を妻へ無税で贈与したと聞きました。私の自宅にもこの制度を適用することはできるのでしょうか？

A 婚姻期間が20年以上の夫婦間で、居住用不動産又は居住用不動産取得のための金銭の贈与が行われた場合、2,000万円までは贈与税がかかりません。これに基礎控除額の110万円を加えると、2,110万円までは贈与税がかからないことになります。

◆贈与税の配偶者控除

この制度は、贈与税の配偶者控除と呼ばれる制度で、同じ配偶者からの贈与については、一生に1回しか受けることができません。なお、内縁関係の場合には、この規定の適用はありませんので注意が必要です（相税21の6）。

◆適用を受けるための手続

次の書類を添付して、贈与税の申告をすることが必要です（相税規9）。

① 贈与日から10日を経過した日以後に作成された戸籍謄本又は抄本

② 贈与日から10日を経過した日以後に作成された戸籍の附票の写し

③ 居住用不動産の登記事項証明書その他の書類で贈与を受けた人がその居住用不動産を取得したことを証するもの

　この制度の適用を受けるためには、贈与税額が0となる場合であっても、贈与税の申告書を提出する必要がありますので注意しましょう。

◆デメリットになることも

　相続税の節税が見込める本制度ですが、以下のようなデメリットもあります。

① 不動産取得税がかかります（固定資産税評価額の3％。ただし、一定要件を満たす土地等は、軽減措置が受けられます。）。

② 登録免許税が相続よりも高くなります（相続：固定資産税評価額の0.4％。贈与：固定資産税評価額の2％）。

③ 妻が先に亡くなってしまうと、せっかく贈与した自宅が相続により再び私（夫）に戻ってきてしまい、かえって税負担が増加する可能性があります。

　贈与税の配偶者控除を利用すべきかどうかは、これらのデメリットも考慮して慎重に判断した方がよいでしょう。

おひとりさま・おふたりさまの
相続・終活相談

令和6年4月4日　初版発行

編　著　菊　間　千　乃

発行者　新日本法規出版株式会社
　　　　代表者　星　謙一郎

発　行　所　新日本法規出版株式会社

本　　　社
総轄本部　　(460-8455)　名古屋市中区栄1－23－20

東京本社　　(162-8407)　東京都新宿区市谷砂土原町2－6

支社・営業所　札幌・仙台・関東・東京・名古屋・大阪・高松
　　　　　　　広島・福岡

ホームページ　https://www.sn-hoki.co.jp/

【お問い合わせ窓口】
新日本法規出版コンタクトセンター
☎ 0120-089-339（通話料無料）
●受付時間／9：00〜16：30（土日・祝日を除く）